新文科建设：以文化人系列丛书

精神育人

秋青史

留红

苟欣文 郭东方 惠科
曾利 胡义强 编著

重庆大学出版社

图书在版编目（CIP）数据

千秋青史永留红：红岩精神育人 / 苟欣文等编著.
重庆：重庆大学出版社，2024.6. --（新文科建设：
以文化人系列丛书）. -- ISBN 978-7-5689-4552-3

Ⅰ. D642

中国国家版本馆CIP数据核字第2024CY8402号

千秋青史永留红——红岩精神育人

QIANQIU QINGSHI YONG LIUHONG—HONGYAN JINGSHEN YUREN

苟欣文　郭东方　惠　科　曾　利　胡义强　编著
责任编辑：李桂英　　　版式设计：陈筱萌
责任校对：关德强　　　责任印制：张　策

＊

重庆大学出版社出版发行
出版人：陈晓阳
社址：重庆市沙坪坝区大学城西路 21 号
邮编：401331
电话：(023)88617190　　　88617185(中小学)
传真：(023)88617186　　　88617166
网址：http://www.cqup.com.cn
邮箱：fxk@cqup.com.cn(营销中心)
全国新华书店经销
重庆升光电力印务有限公司印刷

＊

开本：890mm×1240mm　1/32　印张：7　　字数：158 千
2024 年 6 月第 1 版　　2024 年 6 月第 1 次印刷
ISBN 978-7-5689-4552-3　　定价：35.00 元

总序

以文化人 生生不息
——新文科建设：以文化人系列丛书总序

四川外国语大学党委书记　邹　渝

　　四川外国语大学，简称"川外"（英文名为Sichuan International Studies University，缩写为SISU），位于歌乐山麓、嘉陵江畔，是我国设立的首批外语专业院校之一。古朴、幽深的歌乐山和清澈、灵动的嘉陵江涵养了川外独特的品格。学校在邓小平、刘伯承、贺龙等老一辈无产阶级革命家的关怀和指导下创建，从最初的中国人民解放军西南军事政治大学（以下简称"西南军政大学"）俄文训练团，到中国人民解放军第二高级步兵学校俄文大队，到西南人民革命大学俄文系、西南俄文专科学校（以下简称"西南俄专"），再到四川外语学院，至2013年更名为四川外国语大学。学校从1979年开始招收硕士研究生，2013年被国务院学位委员会批准为博士学位授予单位，2019年经人社部批准设置外国语言文学博士后科研流动站。学校在办学历程中秉承"团结、勤奋、严谨、求实"的优良校风，弘扬"海纳百川、学贯中外"的校训精神，形成了"国际导向、外语共核、多元发展"的办学特色，探索出一条"内涵发展，质量为先，中外合作，分类培养"的办学路径，精耕细作，砥砺前行，培养了一大批外语专业人才和复合型人才。他们活跃在各条战线，为我国的外交事务、国际商贸、教学科研等各项建设作出了应有的贡献。

经过七十三年的发展，学校现已发展成为一所以外国语言文学学科为主，文学、经济学、管理学、法学、教育学、艺术学、哲学等协调发展的多科型外国语大学，具备了博士研究生教育、硕士研究生教育、本科教育、留学生教育等多形式、多层次的完备办学体系，主办了《外国语文》《英语研究》等有较高声誉的学术期刊。学校已成为西南地区外语和涉外人才培养以及外国语言文化、对外经济贸易、国际问题研究的重要基地。

进入新时代，"一带一路"倡议、"构建人类命运共同体"和中华文化"走出去"等国家战略赋予了外国语大学新使命、新要求和新任务。随着"六卓越一拔尖"计划2.0（指卓越工程师、卓越医生、卓越农林人才、卓越教师、卓越法治人才、卓越新闻传播人才教育培养计划2.0和基础学科拔尖学生培养计划2.0）和"双万"计划（指实施一流专业建设，建设一万个国家级一流本科专业点和一万个省级一流本科专业点）的实施，"新工科、新农科、新医科、新文科"建设（简称"四新"建设）成为国家高等教育的发展战略。2021年，教育部发布《新文科研究与改革实践项目指南》，设置了6个选题领域、22个选题方向，全面推进新文科建设研究和实践，着力构建具有世界水平、中国特色的文科人才培养体系。

新文科建设是文科的创新发展，目的是培养能适应新时代需要、能承担新时代历史使命的文科新人。2020年11月3日，全国有关高校和专家齐聚中华文化重要发祥地山东，共商新时代文科教育发展大计，共话新时代文科人才培养，共同发布《新文科建设宣言》。这里，我想引用该宣言形成的五条共识。

一是提升综合国力需要新文科。哲学社会科学发展水平反映着一个民族的思维能力、精神品格和文明素质，关系到社会的繁荣与和谐。

二是坚定文化自信需要新文科。新时代，把握中华民族伟大复兴的战略全局，提升国家文化软实力，促进文化大繁荣，增强国家综合国力，新文科建设责无旁贷。为中华民族伟大复兴注入强大的精神动力，新文科建设大有可为。

三是培养时代新人需要新文科。面对世界百年未有之大变局，要在大国博弈竞争中赢得优势与主动，实现中华民族复兴大业，关键在人。为党育人、为国育才是高校的职责所系。

四是建设高等教育强国需要新文科。高等教育是兴国强国的"战略重器"，服务国家经济社会高质量发展，根本上要求高等教育率先实现创新发展。文科占学科门类的三分之二，文科教育的振兴关乎高等教育的振兴，做强文科教育推动高教强国建设，加快实现教育现代化，新文科建设刻不容缓。

五是文科教育融合发展需要新文科。新科技和产业革命浪潮奔腾而至，社会问题日益综合化、复杂化，应对新变化、解决复杂问题亟须跨学科专业的知识整合，推动融合发展是新文科建设的必然选择。进一步打破学科专业壁垒，推动文科专业之间深度融通、文科与理工农医交叉融合，融入现代信息技术赋能文科教育，实现自我的革故鼎新，新文科建设势在必行。

为全面贯彻教育部等部委系列文件精神和全国新文科建设工作会议精神，加快文科教育创新发展，构建以育人育才为中心的文科发展新格局，重庆市率先在全国设立了"高水平新文科建设高校"项目。而四川外国语大学有幸成为重庆市首批"高水平新文科建设高校"项目三个入选高校之一。这就历史性地赋予了我校探索新文科建设的责任与使命。我们要立足"两个一百年"奋斗目标的历史交汇点，准确把握新时代发展大势、高等教育发展大势和人才培养大势，超前识变、积极应变、主动求变，以新文科理念为指引，谋划新战略，探索新路径，深入思考学校发展的战略定位、模式创新和条件保障，构建外国语大学创新发展新格局，努力培养一大批信仰坚定、外语水平扎实，具有国际化视野和国际治理能力的高素质复合型国际化人才。

基于上述认识，我们启动了"四川外国语大学新文科建设系列"丛书编写计划。这套丛书将收录文史哲、经管法、教育学和艺术学等多个学科专业领域的教材，以新文科理念为指导，严格筛选程序，严把质量关。在选择出版书目的标准把握上，我们既注重能体现新文科的学科交叉融合精神的学术研究成果，又注重能反映新文科背景下外语专业院校特色人才培养的教材研发成果。我们希望通过丛书出版，积极推进学校新文科建设，积极提升学校学科内涵建设，同时也为学界同仁提供一个相互学习、沟通交流的平台。

"新文科建设：以文化人系列"是"四川外国语大学新文科建设系列"丛书中率先启动的部分。以"以文化人"的面目出现，充分体现了新文科建设中"价值引领"的极端重要性，凸显了"价值引领"在新文科建设中的牵引作用。

这是因为：文化自信是实现中华民族伟大复兴的精神力量。社会主义核心价值观是文化最深层次的要素，文化自信在根本上取决于社会主义核心价值观的生命力、凝聚力、引领力。围绕举旗帜、聚民心、育新人、兴文化、展形象的使命任务，大力推动中华优秀传统文化创造性转化、创新性发展，培育践行社会主义核心价值观，高等文科教育作为培养青年人自信心、自豪感、自主性的主战场、主阵地、主渠道，坚持以文化人、以文培元，大力培养具有国际视野和国际竞争力的时代新人，新文科建设任重道远。

"新文科建设：以文化人系列"由我校二级教授、当代中国研究院首席研究员，重庆市文化软实力研究中心主任，原党委常委、纪委书记苟欣文教授领衔，组织我校中青年教学科研骨干担纲，围绕"以文化人"主题，分别从时代使命、红岩精神、世界多元文化、中华优秀传统文化、电影节展文化、校史文化、大学生社区文化等角度切入，比较全面、深入地总结了我校文化育人的成果。同时，本系列作为苟欣文教授负责的重庆市高校思想政治教育"十大育人"精品项目"文化育人"类型唯一立项的"构建'八大平台'，把'双红基因'和'多元文化'融入'三全育人'实践体系"课题的最终成果，还比较好地兼顾了兄弟高校在文化育人方面取得的成果。

本项目从立项到出书，历时三年有余。

如今，交由重庆大学出版社公开出版的本系列共包括七本：

《愿化青春成利剑——时代使命育人》（林移刚等编著）；

《千秋青史永留红——红岩精神育人》（苟欣文等编著）；

《各美其美 美美与共——世界多元文化育人》（朱天祥等编著）；

《国学根柢 世界眼光——中华优秀传统文化育人》（薛红等编著）；

《光影沁润心灵——电影节展文化育人》（丁钟编著）；

《海纳百川 学贯中外——校史文化育人》（官晴华等编著）；

《润物细无声——大学生社区文化育人》（崔光军等编著）。

本系列着重理论成果向实践路径的转化，至于学术原创，或许并非作者们的初衷。各位编写老师坚持这一明确定位，保证了这个系列成果在同类教材中的独特价值。这条路子是正确的，广大师生是会认可并喜欢上这套选题独到、装帧典雅、文字鲜活、图文并茂的参考教材的。

《周易》云："观乎天文，以察时变；观乎人文，以化成天下。"

这是中国文化传统中"文化"和"人文"这两个概念最早的出处。文化最终就是要"人文化成"。在现代社会，"文化"演化成了一个名词，但实际上，文化原本是一个动词，它的落脚点就在这个"化"字上。无论是感化，还是教化，都体现了文化的本身价值和社会功能。以文化人才是正解。

探索以文化人，是一项长期而艰苦且正在行进中的工作。客观地讲，本系列目前还只是一个阶段性的成果。尽管编者们已尽心尽力，但成果转化的空间仍然很大。尤其是，书中提出的一些路径是否完全可行，还需要时间和实践验证。但无论如何，这是一个良好的开始，我相信以后我们会做得越来越好。

感谢重庆大学出版社领导和编辑对本系列的大力支持。由于时间仓促，且囿于我们自身的学识和水平，本系列肯定还有诸多不足之处，恳请方家批评指正。

以文化人，生生不息。

2023年6月18日写于歌乐山下

前言 | "千秋青史永留红"

1940年9月，郭沫若读罢方志敏在狱中的遗著后，有感而发写下了一首诗：

千秋青史永留红，百代难忘正学功。

纵使血痕终化碧，弋阳依旧万株枫。

这首诗告诉我们：

千秋青史，红色永存。

百代后学，营养不竭。

烈士鲜血，肥吾沃土。

山河依旧，景色常新。

在中华民族悠久的历史上，有一大批前赴后继为国家、民族、人民的利益抛头颅洒热血的仁人志士。他们舍生取义，用自己的青春与热血书写了中华民族历史上最壮丽的篇章。

在抗战时期最艰难岁月里发源于大后方重庆的红岩精神，以及重庆解放前夕"黎明前的黑暗"中涌现于歌乐山的革命烈士，是中国革命精神和中华民族英雄史诗中最艳丽的一抹红色。

"用好红色资源，传承好红色基因，把红色江山世世代代传下去。"（《求是》2021年第10期）习近平总书记的话如犹在耳。努力把红色基因注入血脉、融入灵魂、化为行动，用包括红岩精神在内的红色资源为党育人、为国育才，是高等院校义不容辞的使命与责任。

一、红岩精神具有丰厚的育人资源

最早提出红岩精神概念的是邓颖超。

1985年10月14日，邓颖超重回位于虎头岩下的红岩村。回望这片曾经战斗、生活过的土地，一种欣慰而又复杂的情愫涌上心头。她挥笔写下了"红岩精神永放光芒"八个大字。

毛泽东同志曾观看歌剧《江姐》，并称赞"这个戏很成功"。

周恩来同志曾三次重返"红色三岩"，对革命旧址保护与革命纪念馆建设提出要求。

邓小平同志曾亲自题写了"重庆歌乐山烈士陵园""新华日报总馆纪念碑"。

2002年5月，江泽民视察重庆时指出："红岩精神充分体现了老一辈无产阶级革命家、共产党人和革命志士的崇高思想境界、坚定理想信念、巨大人格力量和浩然革命正气。……红岩精神同井冈山精神、长征精神、延安精神一样，都是中国共产党人和中华民族的宝贵精神财富。在新的历史条件下，全党全社会要大力弘扬红岩精神，使之成为我们在新世纪继续推进建设有中国特色社会主义事业的强大精神力量。"（《江泽民论有中国特色社会主义（专题摘编）》，中央文献出版社，2002年8月第1版，第401页）

胡锦涛同志曾参观歌乐山革命纪念馆并题字，号召"弘扬红岩精神"。

习近平总书记高度肯定红岩精神，他以深邃的历史眼光、宽广的时代视野和厚重的历史史实，多次对红岩精神作出重要论述。2016年1月，习近平总书记视察重庆，强调红岩精神最重要的就是"坚如磐石的理想信念"；2018年3月，习近平总书记在第十三届全国人民代表大会第一次会议期间参加重庆代表团审议时强调，要经常想一想红岩先烈们的凛然斗志、英勇气概；2019年4月，习近平总书记视察重庆谈到红岩精神时强调，"坚贞不屈、永不叛党"和"不折不挠、宁死不屈"。2021年2月，习近平总书记在党史学习教育动员大会上指出，红岩精神是中国共产党人精神谱系的重要组成部分。2021年9月，习近平总书记在中央党校（国家行政学院）中青年干部培训班开班式上的重要讲话中以刘国鋕等人为例，指出："理想信念坚定和对党忠诚是紧密联系的。"习近平总书记关于红岩精神的这些重要论述成为概括和提炼红岩精神内涵与特质的根本遵循。

2023年4月24日，由中共重庆市委宣传部主办的"新时代传承弘扬红岩精神学术研讨会"在渝召开。来自中央党史和文献研究院、中国社会科学院、中共中央党校、北京大学及重庆市相关研究机构的知名专家分别作交流发言。这次研讨会在弘扬红岩精神问题上形成了诸多共识。

将目前为止取得的有关红岩精神的共识作为育人资源，探索用红岩精神育人的有效路径是本书的特点和价值所在。

共识之一：关于红岩精神形成的背景与意义。红岩精神深深植根于伟大建党精神，与重庆悠久的历史文化和革命传统一脉相承，是全民族抗战时期和解放战争时期，在党中央领导下，以毛泽东、周恩来为代表的老一辈无产阶级革命家、共产党人和革命志士，在以重庆为中心的国民党统治区，为争取民族独立和人民解放的革命斗争实践中培育形成的伟大革命精神。红岩精神与延安精神、长征精神、井冈山精神、西柏坡精神等一起，共同构成以伟大建党精神为统领的中国革命精神。

共识之二：关于红岩精神的源与流。红岩精神之源在重庆红岩村。而歌乐山英烈是对红岩精神的继承、丰富与发展。全民族抗战时期，国统区斗争是党领导中国革命的一个重要方面。以周恩来为代表的老一辈革命家，以坚定的共产主义信念、坚强的革命意志和舍生忘死的精神，带领国统区各级党组织和广大党员与国民党反动势力展开了坚决斗争，致力于维护国共合作和团结抗战的局面，为夺取抗战胜利作出了独特贡献；最大限度地争取中间势力，开拓了统一战线新格局，为新中国成立后党领导的多党合作和政治协商制度的形成奠定了重要政治基础；团结各阶层人民，为党赢得了民心、凝聚了力量，为解放战争时期第二条战线的形成创造了有利条件。抗战胜利后的历史转折关头，毛泽东赴重庆进行了决定中国前途命运的重庆谈判，使国民党承认了和平建国的基本方针，有力推动了国统区民主运动，使政治形势朝着有利于中国人民的方向发展。谈判期间，毛泽东广泛接触中外各界人士，表现出来的争取中国光明前途的使命担当，敢于斗争、善于斗争的政治品格，海纳百川的宽广胸怀等，充分展示出他作为中国共产党领袖的人格魅力和伟大风范。解放战争时期，公开的中共四川省委、中共川东党组织先后领导广大共产党人积极开展人民民主运动，投入第二条战线，发动武装斗争，进行统战策反，组织护厂护校等活动，有力地配合实现了人民解放战争的胜利。1949年11月27日，关押在重庆白公馆、渣滓洞的300多名革命志士先后被杀害（在白公馆、渣滓洞被杀害的革命志士的具体人数目前有185人、200多人、300多人之说，本书采用"300多人"）。3天后，重庆解放。"他们知道新中国已经成立了，胜利就在眼前，可就在这时，他们却要牺牲了"，这是一种什么样的革命精神！歌乐山红岩英烈，生动地践行了红岩精神，是对红岩精神内涵的丰富和发展。

共识之三：关于红岩精神内涵与特质。 综合江泽民、习近平等党和国家领导人阐述红岩精神的经典论述，参照学术界、理论界对红岩精神进行长期研究形成的共识，对红岩精神基本内涵和特质的认识，以下六个方面是必不可少的：一是坚如磐石的理想信念，二是纯洁崇高的思想境界，三是和衷共济的爱国情怀，四是不折不挠的凛然斗志，五是坚贞不屈的浩然正气，六是真诚巨大的人格力量。本书即是从这六个方面着手，探讨如何将红岩精神转化为育人资源的问题。

二、把红岩精神丰厚的育人资源转化为育人路径

2021年5月6日，《求是》杂志第10期发表重要文章《用好红色资源，传承好红色基因 把红色江山世世代代传下去》。文章节录习近平总书记谈传承红色基因的重要论述，强调："要把红色资源作为坚定理想信念、加强党性修养的生动教材，讲好党的故事、革命的故事、根据地的故事、英雄和烈士的故事，加强革命传统教育、爱国主义教育、青少年思想道德教育，把红色基因传承好，确保红色江山永不变色。"①

① 习近平：《用好红色资源，传承好红色基因 把红色江山世世代代传下去》，《求是》2021年第10期，第4—18页。

用"坚如磐石的理想信念"育人。"坚如磐石的理想信念"体现的是中国共产党人"坚持真理、坚守理想"，在大是大非面前旗帜鲜明，在风浪考验面前无所畏惧，在各种诱惑面前立场坚定的坚强党性，是牢不可破的共产主义理想信念和对党的绝对忠诚。坚持真理、坚守理想是当代青年综合素养中最需要、也是最重要的品质。赓续弘扬红岩精神，必须在育人过程中始终把塑造坚定的理想信念，助力正确的青春志向，补足精神之钙放在首位。

用"纯洁崇高的思想境界"育人。"纯洁崇高的思想境界"体现的是中国共产党始终坚守"为人民谋幸福，为民族谋复兴，为世界

谋大同"（《人民日报》2018年4月9日）的伟大志向，在新民主主义革命、社会主义革命和建设、改革开放和中国特色现代化建设中以人民为中心，从来没有自己的特殊利益。这是中国共产党始终立于不败之地的法宝和密码。红岩精神以纯洁崇高的思想境界，深深吸引和感召着一代又一代的中国青年。在新的历史时期，着力培养新时代的青年具有纯洁崇高的思想境界，是促使青年一代迈向新征程的强劲动力和不竭源泉。

用"和衷共济的爱国情怀"育人。"和衷共济的爱国情怀"体现的是中国共产党人"践行初心、担当使命"，在民族危亡和决定中国前途命运的关键时刻海纳百川、相忍为国的宽广胸怀，充分体现出中国共产党人为中国人民谋幸福、为中华民族谋复兴矢志不渝的初心使命。习近平总书记多次强调要厚植家国情怀。《新时代爱国主义教育实施纲要》指出，要把握爱国主义的时代主题，引导人们深刻认识中国梦的本质是国家富强、民族振兴、人民幸福，激发全体人民爱党爱国爱社会主义的巨大热情。爱国主义说到底就是深沉的家国情怀。它既是凝聚中华儿女和海内外中华民族子孙的"最大公约数"，也是为党育人、为国育才的重要一环。爱国主义教育永不过时。在以国际化为主要特色的外国语大学学生教育中，培养家国情怀更有着特殊意义。

用"不折不挠的凛然斗志"育人。"不折不挠的凛然斗志"体现的是中国共产党人"不怕牺牲，英勇斗争"，敢于斗争、善于斗争的革命精神。红岩村的共产党人战斗在国民政府的战时首都，面对的是纸醉金迷、物欲横流，"前方吃紧，后方紧吃"的社会环境。他们以"出淤泥而不染，同流而不合污"的品格，战斗在这一特殊环境之中。无论是公开斗争还是深入虎穴，无论是高层斡旋还是商海沉浮，无论是身在红岩还是隐于市井，他们都坚持操守，默默为党奉献，歌乐山的烈士们面对牺牲，坚持与敌人斗争到底，绝不妥协退让，宁愿牺牲自己换取人民大众的幸福。今天，中华民族伟大复兴绝不是轻轻松松、敲锣打鼓就能实现的。要战胜前进道路上的各种风险挑战，没有斗争精神不行，习近平总书记反复强调新时期必须要有斗争精神。反腐败斗争要"踏石留印、抓铁有痕"，面对改革深水区的困难任务，要动真格、见成效。青年一代要担负好自己的使命和任务，务必持续不断地增强斗争精神、提高斗争本领，在复杂形势和艰巨斗争面前永不迷航、勇往直前。

用"坚贞不屈的浩然正气"育人。"坚贞不屈的浩然正气"体现的是中国共产党人"对党忠诚、不负人民"，在生与死、血与火的考验面前，坚贞不屈、永不叛党的铁骨丹心。红色三岩（指红岩、曾家岩、虎头岩）共产党人以丹心向党、坚贞不屈的铮铮铁骨，在天地之间充盈着一股"富贵不能淫，贫贱不能移，威武不能屈"的浩然正气。新时代青年要学习这种精神，始终把坚贞不屈的浩然正气作为自己的人生追求，并以此锻造出坚定的理想信念和人格魅力，走上社会才能拥有廉洁奉公的定力并在关键时刻挺身而出，做有梦想、有信念、有担当、有热血的一代新人。

用"真诚巨大的人格力量"育人。"真诚巨大的人格力量"是中国共产党人对同志、对朋友、对人民大众形成巨大吸引力和感召力的内在因素。红岩村和歌乐山的志士们为大公、守大义、求大我，以"功成不必在我"的境界、"功成必定有我"的担当，与人民大众站在一起、想在一起、干在一起，以为民造福的实际行动诠释了中国共产党人"我将无我，不负人民"的崇高情怀和人格力量。中共中央南方局（简称"南方局"）在抗战大后方的国民党统治区最大限度地争取中间势力，开拓了统一战线新格局，显示了真诚巨大的人格力量，为新中国建立中国共产党领导的多党合作和政治协商制度奠定了重要政治基础。新时期红岩精神所具有的真诚巨大的人格力量将为塑造青年的优秀人格提供重要参照。它帮助我们树立大格局和大胸怀，让我们以更加积极的"入世"心态和正向的思维方式，正确对待暂时的挫折和失败，不断走向人生的"高原"和"高峰"。

"如果信仰有颜色，那一定是中国红。"

中国红从古色古香的春秋时代，至威武雄强的秦汉王朝，延续盛世繁华的唐宋气派，沿袭灿烂辉煌的魏晋风度，流传独特风韵的明清风格，传承着中华民族生生不息、波澜壮阔的历史。中国红是中华民族最喜爱的颜色，是中国人文化图腾中最具代表性的颜色。它代表着热烈、喜庆、吉祥、团结、团圆和尊贵。

"红色是川外学子的底色。"成立于1950年国家百废待兴建设大潮背景下的四川外国语大学，具有刘伯承、贺龙等老一辈无产阶级革命家在西南军政大学时代留下的红色基因。1970年，学校从北碚文星湾搬迁到沙坪坝区壮志路33号，从此与红岩文化共存共生。川外与歌乐山烈士墓一墙之隔，能随时感受到红岩英烈鲜血所浸透的肥沃土地的滋养，有着继承和弘扬红岩精神天然的地缘优势。用"双红基因"为党育人、为国育才，是四川外国语大学义不容辞的责任与使命。

这既是红岩精神之"红"，也是中国革命精神之"红"，还是中华民族仁人志士勇于担当民族大义之"红"。

"百代难忘正学功。"立足于把"资源红"变为融入新一代青年人血脉的"基因红"，进而实现永固"江山红"。

从中共一大会址嘉兴南湖开出的航船，一路惊涛骇浪，一路柳暗花明，定将驶向中华民族伟大复兴的彼岸！

"千秋青史永留红。"

目录

千秋青史永留红

红岩精神育人

01

第一章

用『坚如磐石的理想信念』育人

"用生命捍卫信仰，用信仰诠释生命"是红岩革命志士的人生信条。信仰的力量是什么？在那段风雨如磐的革命岁月中，信仰的力量是血雨腥风中的大义凛然，是白色恐怖里的英勇斗争，是利诱酷刑下的坚贞不屈。

　　"坚如磐石的理想信念"是红岩精神的本质特征。它生成于抗日战争和解放战争特殊而残酷的斗争环境，并在革命实践中作为精神力量支撑着中共中央南方局和歌乐山的革命志士，造就了无数可歌可泣的英雄故事。

一、什么是理想信念

　　一个国家、一个民族、一个个体都离不开理想信念。理想信念是国家、民族、个人的精神内核。理想信念不仅仅是指精神层面，它还指价值层面和实践层面。"理想信念"由"理想"与"信念"构成，但绝非两词词义的简单叠加。"理想"更多是倾向于对现实生活的超越，常用于"志向""价值""未来"等，代表人们行动方向的语境，指代人们未来行动的方向；"信念"侧重于人对某事物或某观念的态度所反映出来的精神品质，是人内心十分笃定的想法，它更多的是面向现实。

"理想"和"信念"的相通之处：一是互为依托、互为支撑。信念的确立以理想为前提，而理想的实现则需要以信念为支撑。二者在实践领域又是一体两面，须臾不可分离。二是二者都来源于现实又超越现实。信念是人根据实践所形成超越现实的笃定看法，理想更是指代未来发展方向，二者都是对未来形成某种状态的预计。三是二者统一于人的认知、情感、价值和意志。它们一旦形成，就会映衬到人的实践活动中，对人的认识和实践产生重要的影响。

"理想信念"还具有鲜明的时代性。在不同时代、不同群体中理想信念具有不同的内涵。在革命战争年代，对中国共产党人的"理想信念"可以从以下三个方面来理解：

1.共产主义的理想信念

在人类历史长河中，不同历史阶段人们对美好生活和理想社会都有自己的向往。在阶级社会里，摆脱剥削压迫、社会动荡，过上富足安定的生活成为广大劳动群众的理想，也成为广大劳动群众英勇奋斗的精神原动力。换言之，在阶级社会中，劳动群众将没有剥削、没有压迫的理想社会作为理想信念。但是，在任何阶级社会中，这一社会理想都难以实现。根据马克思和恩格斯的设想：随着资产阶级内部的矛盾以及无产阶级的不断壮大，实现人类解放的任务落到了无产阶级的肩上，共产主义伟大理想就应运而生。

共产主义作为一种社会理想，是在对人类社会规律认识的基础上设想的社会发展目标，其实现是一个符合目的和规律的过程，是目的性和规律性的统一。共产主义理想，是人类社会发展史上一种崭新的社会制度，这是理想信念的最高层次：物质财富极大丰富，消费资料按需分配；社会关系和谐，精神境界极大提高；每个人全面自由发展，人类实现了从必然王国向自由王国飞跃。共产主义理想的实现，不是靠某种神秘力量或奇迹，而是靠社会的不断发展和进步，靠人民群众的持续实践，要从生产力、生产关系、社会生活、精神生活等重点领域去建设、去实现的远大理想。

中国共产党从成立之日起，就把马列主义作为在黑暗中探寻光明的曙光，把实现共产主义确立为远大理想，它是中国共产党在革命战争年代的政治选择，也成为党领导人民进行革命的重要精神支柱和行动指南。

2.无产阶级革命必胜的理想信念

几千年的人类社会发展史证明，每一次社会制度的根本变革，都伴随着曲折反复的斗争和流血的牺牲；而每一个新生社会制度，又会遭到"围追堵截"，无不是从不成熟、不完善，逐步走向成熟、完善的过程。正如列宁所言："设想世界历史会一帆风顺、按部就班地向前发展，不会有时出现大幅度的跃退，那是不辩证的、不科学的，在理论上是不正确的。"①一方面，我们要认识到社会革命曲折发展的必然性。任何一个新生事物，都不可能一帆风顺。新生事物意味着对旧社会、旧制度的否定，必然会受到保守势力、落后势力的拼死反抗。有时，这种反抗还会相当激烈，进步势力将会在十分严酷的环境下生存和发展。社会革命总是会在曲折中前进。另一方面，我们要秉持革命必胜的理想信念，坚信社会进步是符合广大人民群众的愿望和根本利益的，是能够最大范围地争取人民拥护和

① 《列宁专题文集：论辩证唯物主义和历史唯物主义》，人民出版社，2009，第263页。

支持的。任何保守势力、落后势力都阻挡不了历史车轮滚滚向前，社会革命必将冲破黑暗势力笼罩的阴霾，迎来黎明的曙光。

由此可见，共产党人革命必胜的理想信念是支撑人类进行社会革命的精神动力。

3.捍卫国家民族利益的理想信念

在艰苦卓绝的斗争环境中，理想信念是指引着无数仁人志士继续前行的"灯塔"和精神支柱。其中，捍卫国家民族的利益，是一个国家、民族生存和发展的客观物质需求和精神需求的总和，它通常包括捍卫国家的领土、主权、稳定、发展以及国家尊严。对任何一个国家民族而言，国家安全稳定、持久和平，人民才能过上安全、安定的日子。仁人志士无论在多么残酷的斗争环境中，无论条件多么艰苦、形势多么险恶，誓死捍卫国家民族利益的理想信念支撑着他们始终坚定革命信仰，始终站在人民群众立场上。这种信念与共产主义理想信念、革命必胜信念一起，成为共产党人的信念体系。其中，共产主义作为远大而崇高的理想信念，对其他信念起着统摄作用。捍卫国家民族利益信念和革命必胜信念是革命和建设时期共产党人所拥有的信念，是革命和建设时期确定目标方向、战略战术、方针政策的重要原动力。革命这个词不独为战争年代所有。"改革也是一场革命。"因此，革命必胜涵盖了中国特色社会主义新时代改革必胜的内涵。

二、红岩精神生动彰显了"坚如磐石的理想信念"

坚如磐石的理想信念是红岩精神的本质特征。这一理想信念，既是共产主义远大崇高理想信念的直接体现，也来源于捍卫国家民族利益的信念和中国革命必胜的信念。除此以外，这一理想信念还在实践中体现出了自身的特点。

1.追求真理、坚守理想

中共中央南方局的共产党人在抗战大后方的国民党统治区工作和生活，在极端严酷、艰难的恶劣环境中，追寻马克思主义真理，坚信共产主义的伟大理想，坚持中国共产党的领导，同形形色色的非马克思主义和反马克思主义言行作斗争，以真理说服人、以真理凝聚人，建立了一道抗日民族统一战线的坚固防线。周恩来临危受命，代表中共中央到重庆开展工作，在极端恶劣的环境下，提出了"要使五千党员成为隐蔽的、坚强得力的、与群众有联系并善于影响和推动群众的干部"的工作原则，经过大家的共同努力，逐渐打开了工作局面。国统区大批进步青年，抛弃殷实的生活条件和优越的环境，义无反顾地走上革命的道路，他们组成了反对分裂、反对倒退的先锋力量，成为坚定的共产主义者。这一过程，非常生动地演绎了"坚如磐石的理想信念"的强大感召力。

在抗战时期和解放战争时期，蒋介石及国民党对中国共产党的领导干部开展了大量的策反工作。在策反不成的情况下，他们的镇压和迫害不断升级，从实施政治迫害到严刑拷打，从许以高官厚禄诱降到疯狂变态的屠杀，但不论何种形式、不论何种手段，中共中央南方局的共产党员们始终忠诚于自己的政治选择，坚守共产主义远大理想，坚持政治立场，在红岩村，后来在白公馆、渣滓洞集中营等地，用生命书写了辉煌灿烂的人生华章。

1938年12月，经过蒋介石授意，国家社会党负责人张君劢发表了《致毛泽东先生一封公开信》。信中提出，目前中国处于民族危机之际，"既努力于对外民族战争，不如将马克思主义暂搁一边，使国人思想走上彼此是非黑白分明一途，而不必出以灰色与掩饰之辞"。他甚至规劝"以八路军之训练任命与指挥，完全托之蒋先生手中"[①]。这分明是劝诫中国共产党抛弃马克思主义，放弃共产主义的远大理想。后来，蒋介石又提出将国民党和共产党合并成"一个大党"，企图吞并共产党。针对这些言辞，共产党展开了有理、有利、有节的回击，在系统阐述马克思主义科学性、合理性，阐述共产主义理想科学性、合理性，阐述中国共产党存在的合法性、正当性的前提下，予以严词拒绝，并指出：在这些问题上不可妥协让步，没有商量的余地。中共中央致电周恩来，指出：中国共产党坚持为三民主义新中国而奋斗，"但共产党绝不能放弃其马克思主义之信仰，绝不能将其党的组织合并于其他任何政党"[②]。中共中央南方局在中央指导下，旗帜鲜明地坚持坚守真理、坚持理想，体现了"革命理想高于天"的坚如磐石的理想信念。

歌乐山烈士何功伟面对国民党许以的高官厚禄、出国留学等诱惑，视死如归，坚贞不屈，保持共产党人崇高的革命气节。他更是在狱中放声高歌《满江红》，自己创作《奴隶恋歌》《狱中歌声》，同国民党特务进行斗争。面对国民党当局的枪口，他高唱《国际歌》！在忠诚与背叛的抉择中，他毅然地选择了忠诚！这就是何功伟烈士的强大内心定力和坚定的信念。在中共中央南方局也涌现出了无数像

① 张君劢：《致毛泽东先生一封公开信》，《再生》第10期，1938年12月16日。

② 南方局党史资料征集小组：《南方局党史资料·大事记》，重庆出版社，1986，第41页。

何功伟这样可歌可泣的革命英雄人物，他们将理想信念作为灯塔，在抗日战争和解放战争两个时期，不屈不挠地进行斗争，用生命诠释了毕生所追求的信仰！

2.救亡图存、革命必胜

抗日战争全面爆发后，日本侵略者利用其强大的现代化军队，在一年多时间内，相继占领了华北、华东和华中的大片土地，中华民族危急！在这样严酷的形势下，中国共产党高举爱国主义的旗帜，抛弃前嫌，加强同国民党当局协作，推动建立以国共合作为基础的抗日民族统一战线。在抗战进入相持阶段后，国民党内部妥协投降势力抬头。本着救亡图存、革命必胜的信仰信念，中共中央南方局攻克了一个又一个难关，为夺取抗战胜利和民族解放付出了巨大牺牲！

要取得抗日战争的最后胜利，维护抗日民族统一战线是重要法宝，这也是中共中央南方局最为重要的一项工作。在这场中国近代史以来最伟大、最艰苦的民族救亡运动中，民族矛盾和阶级矛盾相互交织，党派间的矛盾层出不穷，各种势力相互角逐，各种关系错综复杂。因此，中共中央南方局的任务不仅仅是打败侵略者，还要在各种势力、各党派中周旋，团结一切可以团结的力量。中共中央南方局为了完成繁重的抗日民族统一战线的工作，忠实执行党中央制定的"坚持抗战、反对投降，坚持团结、反对分裂，坚持进步、反对倒退"的政治原则，创造性地提出地下党组织开展工作"隐蔽精干、长期埋伏、积蓄力量、以待时机"的十六字方针，并要求党员干部必须"勤工作、勤交友、勤学习"，"职业化、公开化、合法化"的工作要求。周恩来还告诫大家"遇到黑暗不灰心丧气。只要大家坚守信念，不顾艰难向前奋斗，并且在黑暗中显示英勇卓绝的战斗精神，胜利是会到来的！"[1]

1941年1月11日，周恩来在参加《新华日报》创刊三周年庆祝晚会上收到刚刚发生的"皖南事变"的电报。他镇定自若地指出"黑暗只是暂时的，光明一定会到来！"中共中央南方局共产党人正是抱着这样革命必胜的信念，在面对生死考验之时，表现出了前

[1] 中共中央文献研究室：《周恩来传（1898—1949）》，人民出版社、中央文献出版社，1989，第482页。

赴后继的革命大无畏精神，用生命表明心迹，彰显了中国共产党人和革命志士的骨气和气节，用坚如磐石的理想信念浇铸出了不朽的红岩精神。

在歌乐山牺牲的刘国鋕烈士的事迹感人至深。

刘国鋕本来出身富裕，其父亲曾任泸州济和水力发电厂董事长，家境殷实，是当地名副其实的豪门大户。但刘国鋕放弃了优越的生活条件和环境，毅然决然地加入中国共产党，选择了为人类解放而斗争、为人民疾苦而呼喊的崇高事业。在被捕后，面对家人各种途径的营救，面对国民党威逼利诱及酷刑，他不为所动。面对国民党惨绝人寰的大屠杀，刘国鋕慷慨赴死。面对死亡的恐惧和威胁，面临着人生无数的选择，是什么支撑刘国鋕以死殉国、以死明志？又是什么让一个年仅28岁的共产党人在生命最后一刻发出"我死了，有党在，等于我还活着"的呐喊？那就是共产主义远大理想和中国共产党必胜的信念。

3.宠辱不惊、视死如归

中国共产党是抗日战争的中流砥柱，也是国家、民族和人民利益的忠实捍卫者。在艰苦卓绝的斗争环境下，中共中央南方局共产党员的自律、清贫、乐观的生活与国民党放纵、

奢靡、消极的生活形成了鲜明的对比。中共中央南方局共产党员始终保持了宠辱不惊、视死如归的信仰信念，他们坚贞不屈、临危不惧，面对死亡大义凛然，用生命诠释着自己毕生追求的信仰。

在国统区这个"大染坊"里，中共中央南方局共产党人不仅要保持宠辱不惊，同流而不合污；还需要面对国民党的盯梢、暗害等特务行为。在重庆解放前夕，国民党更是对共产党人大肆屠杀。今天，我们走进白公馆、渣滓洞，那些无所不用其极的刑具还得以保存。这让我们时刻警醒自己，要牢记滋生和培育出红岩精神的那段历史。

在解放战争时期，大批红岩志士被关押在白公馆、渣滓洞，即使身陷囹圄，他们仍不顾个人安危，坚持斗争，与敌人战斗到生命的最后一刻。

同陈然一样，在监牢中扯下红花被绣"红旗"的罗广斌、生前给同学的信中描绘理想社会的荣世正、真理的信徒和正义的战士古承铄等等，他们都在极端恶劣的环境下，坚持战斗到生命的最后一刻，以实际行动表达了对建立新国家的向往和追求。

三、把"坚如磐石的理想信念"转化为育人资源

习近平总书记指出："理想信念就是共产党人精神上的'钙'，没有理想信念，理想信念不坚定，精神上就会'缺钙'，就会得软骨病。"①赓续弘扬红岩精神坚如磐石的理想信念，对于新时代青年树立青春志向、补足精神之钙具有重要意义。

①习近平《紧紧围绕坚持和发展中国特色社会主义学习宣传贯彻党的十八大精神》，《人民日报》2012年11月19日。

1.树立远大理想，坚定走中国特色社会主义道路的信念

今天早已不再像中共中央南方局工作时期和重庆解放前夕，面临着那么复杂、恶劣、残酷的工作和生活环境，也不需要随时准备为国捐躯、以死明志，但是红岩志士对共产主义的坚定理想信念、中国共产党必胜的信念却值得我们代代传承。在庆祝中国共产主义青年团成立100周年大会上，习近平总书记勉励新时代的广大共青团员："做理想远大、信念坚定的模范，做刻苦学习、锐意创新的模范，做敢于斗争、善于斗争的模范，做艰苦奋斗、无私奉献的模范，做崇德向善、严守纪律的模范。"[①]习近平总书记指出的"做理想远大、信念坚定的模范"就是指青年应该坚定共产主义远大理想，无论什么情况下都要坚持为共产主义奋斗的信念，牢固树立走中国特色社会主义道路的青春志向。

> ① 《理想远大、信念坚定（人民观点）》，《人民日报》2022年5月16日第5版。

青年一代如何树立远大理想，走中国特色社会主义道路？

一是要自觉用共产主义远大理想和中国特色社会主义理论武装头脑，加强理论学习，提升理论素养，做政治上的坚定者，做理论上的明白人。周居正在回忆红岩村工作时所言，"他（谭沈明）自学能力很强，每天除了吃饭、睡觉的时间外都在读书。监狱的生活，把他锻炼得更加坚强，造就了高深的学问。"[②]

二是要坚定中国特色社会主义道路自信。中国特色社会主义新时代提出的"四个自信"中把"道路自信"排在首位，是我们在新时代战胜一切困难挑战的信心和勇气。当今世界的变化可谓"日新月异"，"东升西降"的

> ② 厉华：《厉华说红岩——解读狱中八条》，重庆出版社，2014，第158页。

发展趋势越来越明显，但我们也不得不面对波谲云诡的国际形势，愈发激烈的经济战、科技战、舆论战，日益凸显的颠覆、分裂、渗透等非传统安全问题，意识形态领域的"灰犀牛""黑天鹅"事件、大型公共卫生突发事件等一场场没有硝烟的战争。青年人在前进的道路上将不断遭受各种"围追堵截"。未来的"不确定性"和"变数"也越来越多，面对这些艰难险阻，只有坚定共产主义远大理想，坚持走中国特色社会主义道路，才能像歌里唱的那样"踏平坎坷成大道，斗罢艰险又出发"。

2.坚持敢于斗争，坚定实现中华民族复兴的信念

虽然具体的环境和任务变了，但为人民谋幸福、为民族谋复兴、为世界谋大同的初心与使命不变。

当今世界正在发生深刻的变化，以信息科学、信息技术为主要内容的世界新技术革命正在形成新的高潮，世界经济正在走向知识经济，经济、社会的发展越来越依赖于知识和科学技术的发展，特别是依赖于高科技的发展和新知识的创造，世界各国抢占知识经济制高点的竞争日益激烈。面对这一切，当代大学生要充分认识到自己在民族复兴事业中的重要地位和作用，要在前人已经取得伟大成绩的基础上，承担起这个事业赋予的重任，勇于竞争，大胆创新，充分发挥生力军的作用，努力成为历史的开拓者、完成复兴大业的实干家，为世界科学技术的发展和中华民族的伟大复兴做出应有的贡献。

青年是整个社会力量中最积极、最有生气的力量，是国家的未来和民族的希望。正如习近平总书记所指出的：青年朝气蓬勃、好学上进、视野宽广、开放自信，是可爱、可信、可为的一代。青年的成长伴随着民族复兴的脚步，他们是中华民族伟大复兴的中坚力量。青年一代只有站在新时代高度，传承包括红岩精神在内的中国革命精神，坚定理想信念，坚持敢于斗争，担当起时代责任和使命，在奋斗中练就过硬本领、在实践中不断地锤炼品德修为，才能不负时代所托。

3.保持强大定力，坚定勇当先锋、倾情奉献的信念

无论是在抗日战争时期，还是在解放战争时期，绝大多数红岩革命志士都保持着强大的定力，他们坚贞不屈、临危不惧，他们中的绝大多数人在忠诚与背叛中，坚定地选择了忠诚。他们绝不透露党的半点机密，绝不玷污党的荣誉，在他们身上体现着一种信仰的力量！当然，这种信仰并非与生俱来，它来自救国救民、探寻真理的道路，它来自和国民党反动派残酷的斗争，还来自恶劣环境下对革命必胜的信念。

当前，我们处于世界百年未有之大变局，在这个大变局中，中国成为世界格局演变的主要推动力量。由于受到国际复杂局势、国际国内经济下行等多种因素叠加影响，大学生会遇到"最难就业季""最难考研季""最难出国季"等等。但困难是暂时的，办法总比困难多。习近平总书记在庆祝中国共产主义青年团成立100周年大会上的讲话指出："实现中国梦是一场历史接力赛，当代青年要在实现民族复兴的赛道上奋勇争先。时代总是把历史责任赋予青年。新时代的中国青年，生逢其时、重任在肩，施展才干的舞台无比广阔，实现梦想的前景无比光明。"越是艰难时期，越要保持强大的定力，越要看到希望，越要积极投身人民群众的壮阔实践中，发挥专业所长，立大志、担大任，将小我融入大我，要用脚步丈量祖国大地，用眼睛发现中国精神，用耳朵倾听人民呼

声，用内心感应时代脉搏，把对祖国血浓于水、与人民同呼吸共命运的情感贯穿学业全过程、融入事业追求中，用坚持不懈的奋斗描绘新时代青年人最亮丽的青春底色！

拓展阅读1：张露萍　只觉得心中一片坦荡

张露萍像

　　17岁入党，18岁开始潜伏，19岁被捕，24岁牺牲。这便是张露萍走过的用信仰支撑着的短暂而辉煌的一生。

　　1940年，在山城重庆，发生了一起震惊国民党朝野的军统电台特支案，让军统特务头子戴笠把这次事件当作自己特务生涯中的奇耻大辱，也让蒋介石大为光火。究竟是谁这么厉害，能在国民党的眼皮底下、在他们最核心的机密情报部门游刃有余？而这个人，就是神秘的红色女特工，当时年仅19岁的张露萍。

张露萍(1921—1945)，四川崇州人，原名余薇娜、余家英，化名余慧琳、黎琳等，国民党军统局电讯总台地下党特别支部书记。1937年，在成都读中学的张露萍参加了党的外围组织"中华民族解放先锋队"四川总队，积极投入抗日救亡宣传活动。在年仅16岁的张露萍看来，延安就是革命的圣地，就是中国革命的象征，就是自己信仰的方向。为了追求信仰，1937年11月，张露萍在党组织的帮助下，进入陕北公学继续学业，随后被保送进入抗日军政大学，并于1938年10月加入中国共产党。

由于张露萍的亲属中有国民党一方的高级军官，在川渝地区有一定基础，中共中央组织部决定派她前往重庆工作。1939年深秋，张露萍告别延安，踏上了新的征程。到达重庆后，张露萍进入中共中央南方局军事组，归叶剑英直接领导，曾希圣和雷英夫是工作联系人。随着抗战形势的发展，中共地下战线斗争需要更多的工作人员支持。彼时，中共中央南方局在国民党军统局电讯处发展了张蔚林等几名秘密党员，于是张露萍被安排与张蔚林兄妹相称，以军统职员"家属"的身份，担任中共地下特支书记，领导秘密斗争。也是从这时起，她正式改名"张露萍"。

1939年底至1940年春，张露萍不时出入军统局电讯处，军统局会客室的登记簿上记录着：张露萍，寓重庆张家花园四十号，探访哥哥、四处报务员张蔚林。在打入军统机关内部的那段日子里，她的身影穿梭于中共中央南方局秘密联络机关和军统局之间，和张蔚林、冯传庆等中共地下党员组成秘密小组，在国民党最森严、最机密的特务机关里，构建了一个中共的"红色电台"，出色地完成了组织交办的各项任务，截获了许多重要甚至绝密的情报，并将之传递到中共中央南方局、延安。

然而，因为一次意外和叛徒的出卖，1940年"红色电台"彻底暴露，张露萍没能逃脱军统的魔掌，落进了军统设置的陷阱。张露萍被捕后，军统特务头子戴笠以为"一个19岁的女孩子能有多大能耐？"便故意释放张露萍，并派敌人暗中跟踪。机智的张露萍识破了敌人的阴谋，从曾家岩50号前通过时，从容不迫，碰到自己的同志假装不认识，迷惑敌人。戴笠更为恼怒，他亲自出马，提审张露萍，想从她身上打开缺口。

在狱中，张露萍积极参与劳动，并不断写诗作文发表在狱中刊物上，向狱友们宣传革命思想。她还和许多革命同志结下了深厚友谊。如家喻户晓的"小萝卜头"宋振中，他是张露萍的小狱友，她教宋振中识字，给他讲故事，成为他亲爱的"张阿姨"。一同被捕的狱友赵力耕因长期戴死镣关在阴冷的重禁闭室，几乎瘫痪，她想方设法卖掉自己的戒指为他买来药品。同室难友徐宝芝在狱中生下女婴，身体虚弱，张露萍便帮忙照顾孩子，还设法买了只母鸡喂养，将鸡蛋留给小朋友补充营养等。

1945年7月14日，张露萍与张蔚林、冯传庆、赵力耕、杨光、陈国柱、王席珍7人被押上刑车。在离开牢房前，张露萍对狱友说："我知道我接下来要面对的是什么，我并不害怕，只觉得心中一片坦荡。"战友们一路高唱《国际歌》，直到被枪杀前，他们还在用力高呼："打倒国民党反动派！""中国共产党万岁！"张露萍身中六弹，壮烈牺牲，年仅24岁。现贵州省贵阳市息烽县团圆山下，矗立着一座高大的纪念碑。

"张露萍七烈士纪念碑" 9个大字依然清晰醒目，张露萍的英魂在此永生。她选择为了自己的信仰付出一切，维护党的利益，她的革命精神和英勇形象从此升华、永存。

拓展阅读2：陈然　我的自白书

陈然，原名陈崇德，河北香河人，生于1923年，卒于1949年。曾任中共重庆地下党主办的《挺进报》特别支部书记，并负责《挺进报》的秘密印刷工作。

陈然早在16岁就加入中国共产党，一度因病和组织失去了联系。得不到党的指引和教导，就像孩子失掉了母亲一样，陈然曾一度陷入痛苦和迷茫。但是，他坚信，只要坚持信仰不动摇，就一定能够重新回到党的怀抱。1947年夏天，陈然终于在重庆找到了地下党，恢复了组织关系。重回组织怀抱的他，更加努力地投入党的事业中，如火如荼地开展《挺进报》的秘密印刷工作，为信仰燃烧着自己的青春。

《挺进报》在重庆的秘密发行，引起了国民党反动派的极大恐慌。重庆当局曾三次下令限期破案，直到1948年4月20日才从叛徒口中得知《挺进报》的机关住所；上级派人来通知陈然说党内出现了叛徒，《挺进报》要尽快转移，要他在4月22日印好最后一期报纸，晚7点，市委派人来取，然后迅速转移。就在21日傍晚时分，陈然突然收到一封没有署名的短信："近日江水暴涨，闻君欲买舟东下，仅祝一帆风顺，沿途平安。"这封短信是一位在敌人内部工作的同志直接写给他的。陈然接到信后本来可以马上脱离险境，但他一直坚持到22日下午5时印完最后一期《挺进报》。他刚把蜡纸烧掉，门外就传来阵阵脚步声。陈然推开窗户，把准备好的扫帚挂在窗台下面的钉子上，这是给同志们的信号。就在这时，几个便衣特务破门而入，抓走了陈然。

被捕后，在国民党特务几近疯狂和惨无人道的刑罚面前，陈然被折磨得一次次昏死过去，但他始终坚守自己的誓言，没有透露半个使特务感到有希望的字，没有损害任何一个同志和朋友。1949年10月28日，陈然在重庆大坪刑场壮烈牺牲，年仅26岁。一首《我的自白书》，一篇《论气节》，充分体现了陈然的革命气节和革命必胜的信念。

"任脚下响着沉重的铁镣，哪怕胸口对着带血的刺刀！"是坚定革命意志的真实写照；"人，不能低下高贵的头，只有怕死鬼才乞求'自由'！"是革命气节的高度体现；"毒刑拷打算得了什么？死亡也无法叫我开口！"是革命信仰不可更改的执着追求；"对着死亡我放声大笑，魔鬼的宫殿在笑声中动摇"是革命大无畏精神；"这就是我——一个共产党员的自白，高唱凯歌埋葬蒋家王朝"。

陈然烈士，给我们演绎了"坚如磐石的理想信念"！

02

第二章

用『纯洁崇高的思想境界』育人

红岩精神的所有内涵中，"纯洁崇高的思想境界"如同承载高峰的高原，巍然屹立。在实现中华民族伟大复兴中国梦的奋斗征程中，当代青年应该铭记红岩先辈们的事迹，在实践中自觉培育和践行爱国爱党爱社会主义的家国情怀、在磨难中历练心性锻造意志、不畏艰险甘于奉献，努力成长为可堪大用、能担重任的时代新人。

一、什么是思想境界

　　尽管人们对"思想境界"一词耳熟能详，但究竟什么是思想境界呢？学者们大多从哲学、美学等不同角度，从艺术、道德、思想等不同领域来阐释"思想境界"的内涵和外延。

　　思想，是人在思维活动中形成的关于客观事物的观点或者观念体系。将"思想"与"境界"合体，指向人的思想精神领域，是人在生活实践中形成的关于意义世界和价值世界的观念的总和。它不单指代人的认识、情感、意志、兴趣、性格等某一方面，也不拘于一时一事。思想境界一旦形成，往往会内化于心，外化于行，在行动上表现出惊人的意志力、行动力和执行力。

中华优秀传统文化的话语体系中，历来注重人的思想境界的培养与升华。

1.忧国忧民的爱国情怀

在中华优秀传统文化中，忧国忧民的境界与情怀在文学作品中十分多见，如《易经》中记载："君子安而不忘危，存而不忘亡，治而不忘乱，是以身安而国家可保也。"（《易经·系辞下》）孟子提出："入则无法家拂士，出则无敌国外患者，国恒亡。然后知生于忧患而死于安乐也。"（《孟子·告子上》）唐代诗人王昌龄《从军行》中写道："黄沙百战穿金甲，不破楼兰终不还。"宋代诗人陆游《病起书怀》中提出："位卑未敢忘忧国，事定犹须待阖棺。"南宋文天祥在《过零丁洋》中写下："人生自古谁无死，留取丹心照汗青。"明代思想家、军事家于谦《立春日感怀》中写道："一寸丹心图报国，两行清泪为思亲。"清代秋瑾《失题》中写下："粉身碎骨寻常事，但愿牺牲报国家。"梁启超在《读陆放翁集四首》中写下："辜负胸中十万兵，百无聊赖以诗鸣。谁怜爱国千行泪，说到胡尘意不平。"

在革命文化中，忧国忧民的境界与情怀十分常见，如毛泽东同志《七律·长征》（一九三五年十月）："红军不怕远征难，万水千山只等闲。五岭逶迤腾细浪，乌蒙磅礴走泥丸。"周恩来《无题》诗："大江歌罢掉头东，邃密群科济世穷。面壁十年图破壁，难酬蹈海亦英雄。"陈毅《梅岭三章》："断头今日意如何？创业艰难百战多。此去泉台招旧部，旌旗十万斩阎罗。"夏明翰《就义诗》："砍头不要紧，只要主义真。杀了夏明翰，还有后来人。"

在社会主义先进文化中，忧国忧民的境界与情怀也随处可见，如艾青《我爱这片土地》："为什么我的眼里常含着泪水？因为我对这土地爱得深沉……"舒婷《祖国啊，我亲爱的祖国》："你的富饶，你的荣光，你的自由——祖国啊，我亲爱的祖国。"

这种忧国爱国的情怀维系着中华民族的生存和繁衍，推动着中华民族这艘巨轮踏平一切暗礁险滩，驶向中华民族伟大复兴的彼岸！

2.和而不同的包容精神

"君子和而不同，小人同而不和。"（《论语·子路》）

人际交往中推崇的思想境界，往往会体现为"和而不同"。君子在人际交往中能够与他人保持一种友善和谐、求同存异的关系，在对具体问题的看法上却不必苟同于对方。思想境界低，则为"同而不和"。他们在对问题的看法上擅长迎合别人的心理、附和别人的言论，但在内心深处是有间隙的，并不抱有一种友善和谐的态度。可以说，和而不同的包容精神是衡量思想境界高低的一个标尺，它是中华民族精神宝库中的瑰宝。在中华优秀传统文化中，强调和而不同的文学作品很多。荀子提出："人之生，不能无群"，指出了和谐处理人际关系的重要性。孟子主张"天时不如地利，地利不如人和"，也指出了人心向背、人和的重要性。《礼记·中庸》中强调"致中和，天地位焉，万物育焉"，则道出了在协调处理各类矛盾时应该遵循的原则。

在革命文化中，崇高的思想境界也体现出"和而不同"，如中共中央南方局坚持贯彻的"坚持抗战，反对投降，坚持团结，反对分裂，坚持进步，反对倒退"的方针，同国民党当局进行艰难谈判，维护和巩固以国共合作为基础的抗日民族统一战线，就体现出了"和而不同"思想境界的精髓。在今天，"构建人类命运共同体"的核心，是建设"持久和平、普遍安全、共同繁荣、开放包容、清洁美丽"的新世界，其所倡导的政治上摒弃冷战思维和强权政治、安全上坚持以对话解决争端、经济上同舟共济、文化上尊重世界文明多样性、生态上坚持合作应对气候变化等举措，都体现了"和而不同"的思想精髓。

3.自强不息的进取精神

纯洁崇高的思想境界一旦形成，往往会内化于心、外化于行，在实践中表现出来惊人的意志力、行动力、执行力，体现出自强不息、厚德载物的精神特质。在中华优秀传统文化中，《易经·乾卦》中指出："天行健，君子以自强不息；地势坤，君子以厚德载物"，这就道出了人应效法天地，只要宇宙不停地运转，人就要永远不断地前进。孟子指出："故天将降大任于是人也，必先苦其心志，劳其筋骨，饿其体肤，空乏其身，行拂乱其所为，所以动心忍性，曾益其所不能"，道出了人只有在尝遍人间艰苦、劳累、饥饿、不如意时，才能性格坚定，增加才能。

在革命文化和社会主义先进文化中，"自强不息"也是崇高思想境界的集中体现。它往往会体现在经济、政治、文化、社会、生态多个领域，特别是在打赢脱贫攻坚战和全面实现小康社会过程中，"自强不息"的思想境界更是得到了充分体现。

二、红岩精神生动彰显了"纯洁崇高的思想境界"

纯洁崇高的思想境界作为红岩精神的重要品质，是以毛泽东、周恩来等老一辈无产阶级革命家为代表的中国共产党人坚定理想信念的集中体现，是红岩精神的本质属性。正是中共中央南方局共产党人和歌乐山英烈们的纯洁崇高的思想境界，他们在生死关头忧国忧民的爱国情怀，他们顾全大局、和而不同的包容精神，他们在艰苦卓绝环境下自强不息的进取精神，使得红岩精神具有了穿越时空的无穷魅力。

1.忠于国家、忠于人民

忠于国家、忠于人民必定会体现为强烈的民族自豪感、坚强的民族自尊心、坚定的民族自信心。爱国爱民是红岩志士纯洁崇高思想境界的最高表现，也是激发全体民众爱国热情和爱国行为的直接动因。忠于祖国、忠于人民，将爱国情、报国志和为民请命、为民服务相统一，它不再是一种简单的情感表达，而是在艰苦卓绝的环境中作为一种信仰、信念，支撑革命实践的具体行为。

1937年7月7日，震惊中外的卢沟桥事变，标志着中国抗日战争全面爆发。从卢沟桥事变到1938年10月武汉和广州失守，日军在中国战场兵力投入超过100万，其国力已无法支持更大规模的战争，便调整对华侵略的政策，实施以政治诱降为主、军事打击为辅的方针。这导致原来国民党内部分裂倒退、妥协投降势力日益扩大。1938年12月，以国民党副总裁汪精卫为首的集团，公然出卖民族利益，投敌叛国。为了适应形势的发展，1939年1月5日，中共中央书记处会议提议将华南及西南各省合并成立中央局，建议改名为西南局（后改为南方局），由周恩来任书记，周恩来、博古、凯丰、吴克坚、叶剑英、董必武任常委①，共同组建了

① 南方局党史资料征集小组：《南方局党史资料·大事记》，重庆出版社，1986，第10页。

组织机构。中共中央南方局作为中共派驻重庆的秘密机关，代表着中央在国统区和部分沦陷区秘密地开展党的工作，其中心任务就是巩固和扩大以国共合作为基础的抗日民族统一战线。毛泽东代中共中央起草的"给中共东南局的指示"提出："在一切国民党区域，党的基本方针，同样是发展进步势力（发展党的组织和民众运动），争取中间势力（民族资产阶级、开明绅士、杂牌军队、国民党内的中间派、中央军中的中间派、上层小资产阶级和各小党派，共七种），孤立顽固势力，用以克服投降危险，争取时局好转。"[2]因此，"坚持抗战，反对投降，坚持团结，反对分裂，坚持进步，反对倒退"，就成为中共中央南方局应对国民党内部存在的妥协和反共倾向的总方针。

② 《毛泽东选集》第2卷，人民出版社，1991，第756-757页。

中共中央南方局要在国统区巩固和扩大以国共合作为基础的抗日民族统一战线谈何容易！随着日本调整对华侵略方针，国民党内部分裂妥协势力先后掀起了三次反共高潮。1939年冬至1940年春，国民党顽固派掀起第一次反共高潮。中国共产党也正是在这一次反共高潮中，有的放矢地制定了"发展进步势力，争取中间势力，孤立顽固势力"的方针。1941年1月，蒋介石统治集团制造了震惊中外的"皖南事变"，掀起了第二次反共高潮。新四军军部及所属皖南部队9000余人遭到国民党军8万余人的伏击和围攻，除2000余人突围外，大部分壮烈牺牲或被俘，军长叶挺在同国民党军进行谈判时被扣押，副军长项英在突围过程中遇害。周恩来在《新华日报》发表"为江南死国难者志哀"和"千古奇冤，江南一叶；同室操戈，相煎何急?!"1943年春，蒋介石署名出版《中国之命运》一书，暗示在两年内要消灭共产党和一切革命力量，掀起了第三次反共高潮。随后，国民党顽固派又以当年5月共产国际宣布解散为由，要求"解散共产党""取消陕甘宁边区"，并密令重兵驻守西北的胡宗南部准备向陕甘宁边区进攻。面对一波接着一波的反共高潮，国共关系濒临破裂。正是以周恩来为代表的中共中央南方局以"忠于国家、忠于人民"的崇高思想境界，坚决贯彻执行"发展进步势力，争取中间势力，孤立顽固势力"的总方针，以工、农、妇、青为主要对象，积极开展群众工作，创造性地制定了"荫蔽精干、长期埋伏、积蓄力量、以待时机"的战略，创新性地提出勤学、勤业、勤交友的"三勤"和职业化、社会化、合法化的"三化"工作思路，组织群众、动员群众，为推动抗日救亡运动健康发展提供了有利条件。同时，中共中央南方局创造性地提出"宣传出去，争取过来"的工作方针，在各国驻华使节和国际友人中宣传中国共产党抗战方针政策，拓展了中国共产党在国际舞台上的空间，为新中国外交打下了坚实的基础。

"忠于国家，忠于人民"是中共中央南方局始终高扬的一面旗帜，是中共中央南方局广大党员干部对民主独立新中国的渴望、对自由美好新生活的憧憬，更是他们在革命实践中开展工作、砥砺前行的强大精神动力。周恩来在第二次国共合作期间与国民党政府、美国政府和中间派势力谈判周旋，充分展现了"忠于国家、忠于人民"的高尚情怀。

2.求同存异、相忍为国

红岩精神的纯洁崇高思想境界还体现为中国共产党调动一切积极因素，在艰难困苦的环境中坚持"求同存异、相忍为国"，为巩固和扩大抗日民族统一战线这个根本目标，捐弃前嫌、同仇敌忾，在一次次濒临破裂的国共关系中力挽狂澜。"求同存异、相忍为国"中，"为国"是根本目的和价值追求，"求同""相忍"是策略方法，"存异"是原则底线。中共中央南方局在八年工作期间，正是在一次次战役斗争中坚持"求同存异、相忍为国"，才促使国共两党保持一种相对友善和谐的状态，正如毛主席所说："中国今天只有一条路，就是和，和为贵，其他的一切打算都是错误的""在和平、民主、团结的基础上实现统一，这个方针，符合于全国人民的要求，也符合全世界人士与同盟国政府的要求"，在和平与合作基础上"建设独立、自由、富强的新中国！"[1]

在抗日战争初期，面对日军疯狂进攻的亡国危机，国共两党团结抗日。但是抗战进入相持阶段后，国民党面对正面战场压力逐渐减弱，反共妥协倾向滋生。在这一时期，

[1] 王妮：《大学校训育人功能研究》，兰州：兰州理工大学，2016。

国民党先后制造了"成都抢米事件"，乘机逮捕中共川康特委书记罗世文和中共川康特委军委委员车耀先等，大规模逮捕四川地区的共产党员和进步人士，大竹、奉节、涪陵、江津、重庆等地的中共组织遭受不同程度的破坏，许多进步社会团体被迫停止活动。"皖南事变"更是让中国共产党在四川和重庆地区的组织遭到严重破坏，党员数量锐减。抗战胜利后，面对人民迫切要求和平民主的美好愿望，国民党当局"假和平、真内战"，同中共开展和平谈判。一旦战争准备充分后，蒋介石统治集团便撕下和平民主的伪装，立即命令国民党军队向中共直辖的解放区进攻，暴露出国民党当局反共、反人民的本质。抗战进入相持阶段后，国民党不断强化专制独裁，

加强特务统治，蒋介石更是集党、政、军等权于一身，为国民党总裁、国民党中央政治委员会主席、军事委员会委员长、行政院院长、陆海军总司令等，为了加强对中共和革命群众的镇压以及清除党内异己，国民党当局组建了以陈立夫、陈果夫为首的党务特务组织"中统"和以康泽、戴笠为首的复兴社特务组织"军统"。抗战爆发后，蒋介石对"中统"和"军统"进行改组，秘密制定《防制异党活动办法》和《异党问题处理办法》等对付中国共产党的指导性文件，以维护国民党专制统治。

"求同存异、相忍为国"充分彰显了中共中央南方局维护国共合作的使命担当。在中共中央制定的抗日民族统一战线方针的指导下，维护国共合作是中共中央南方局的历史使命，也是开展统一战线工作的首要政治任务。面对国民党一系列破坏抗日民族统一战线的卑劣行径，任何不理智、不隐忍的行为，都将使本就摇摇欲坠的抗日民族统一战线遭到严重破坏。没有"求同存异、相忍为国"，没有民族团结共同御敌，就不可能推进全面抗战向前发展，最终赢得民族独立和人民解放。

3.舍生忘死、不畏牺牲

在白色恐怖统治环境中，身处国统区罪恶的"大染缸"里，中共中央南方局领导下的共产党人和革命志士，彰显出大义凛然、忠贞不渝，为正义事业献身的英雄风采。

舍生忘死、不畏牺牲充分彰显了中共中央南方局共产党人、革命志士英雄气节、英雄气概。周恩来对打入国民党中央党部秘书处的地下党员沈安娜说："遇到突发事变，共产党员要有骨气。"正是无数的仁人志士保持着临难不苟的骨气、刚强不屈的人格，才在一次又一次的突发事变中处变不惊，用铮铮铁骨和共产党人的气节，演绎出了红岩精神崇高的思想境界。

三、把"纯洁崇高的思想境界"转化为育人资源

红岩精神纯洁崇高的思想境界对激发和培育当代青年的家国情怀、在磨难中历练心性锻造意志、不畏艰险甘于奉献的精神境界，努力成长为可堪大用、能担重任的时代新人具有重要的启示。

1.争做"爱国爱党爱社会主义"的新时代好青年

一个人对国家、社会和人民充满激情、热情，他的精神就不会涣散，他所做的一切就会拥有强大的精神动力作为支撑。家国情怀的具体表现，不仅是要忠于自己的祖国和人民，热爱祖国的历史文化和文化传统，热爱民族文化和家族传承，还表现为对祖国建设的信心、责任心和使命感。家国情怀深刻地反映了祖国、人民与个人相互依存的关系，为个人的成长提供了物质、精神的滋养，赋予个体独特的精神和气质。

当代中国青年，要弘扬传承红岩精神崇高思想境界中的家国情怀，就要坚持爱国和爱党、爱社会主义高度统一。把自己的理想同祖国的前途、把自己的人生同民族的命运紧密联系在一起，扎根人民，奉献国家。习近平总书记在《在纪念五四运动100周年大会上的讲话》中指出："一个人不爱国，甚至欺骗祖国、背叛祖国，那在自己的国家、在世界上都是很丢脸的，也是没有立足之地的。"弘扬传承红岩精神崇高思想境界中的家国情怀，就要深刻认识到家国情怀并不是一种

口号，而是一种具体的行动，这种行动就是听党话、跟党走，在中国共产党的领导下，胸怀爱国爱民、忧国忧民之心，用真情投入、用奋斗来诠释；这种行动还在于，青年要深入融入到中国特色社会主义伟大事业中，热爱和坚信社会主义制度，在应对重大挑战、抵御重大风险、克服重大阻力、解决重大矛盾时，坚定不移地坚持中国特色社会主义制度，保持政治定力，坚持实干兴邦，始终坚持和发展中国特色社会主义；这种行动还在于，青年要立大志、做大事，将个人命运前途与国家人民的命运前途紧密相连，将小我融入到祖国、人民的大我之中，同祖国命运与共，同时代步伐与共，升华人生境界，实现人生价值。

2.争做"在磨难中历练心性锻造意志"的新时代好青年

时代发展了，社会进步了，环境改善了，但红岩精神所体现的在磨难中历练心性和锻造意志的思想境界对当代青年仍具有重要的引领价值。青年面对国际国内形势的深刻变化、面对信息高新技术的日新月异、面对学业就业创业的压力、面对工作中的挫折甚至是刁难，有时会感觉到无所适从，从而会变得心浮气躁、意志动摇。这就需要从红岩精神中去汲取继续前行的精神力量，对各种变化、压力、挫折、刁难，以坚定的意志、平和的心态去理性抉择，负重前行，在日常生活实践中去弘扬传承红岩精神，不断升华自己的思想境界。

3.争做"不畏艰险甘于奉献"的新时代好青年

当代青年富有朝气、有活力。习近平总书记曾说："青年兴则国家兴，青年强则国家强。青年一代有理想、有本领、有担当，国家就有前途，民族就有希望。"①
一代人有一代人的长征，一代人也有一代人
的使命。当前，我们比历史上任何时期都更
加接近中华民族伟大复兴的目标，比历史上
任何时期都更有能力、有信心实现这一伟大

① 习近平《习近平谈治国理政》(第三卷)，外文出版社，2020，第54页。

目标。身处于世界百年未有之大变局，早就没有食不果腹、
衣不蔽体的艰苦岁月，也没有红岩英雄面对的白色恐怖、屠
杀逮捕的生死抉择，但当代青年要永远铭记红岩精神，要学
习先辈们迎难而上、逆流而上的思想境界，不要让实用主义、
个人主义、自由主义等错误思潮腐化精神净土，不要让享乐
奢靡影响到日常生活；要学习红岩英雄不畏艰难、甘于奉献
的境界，在国家、民族和人民有难的关键时候能顶得上去，
要永远做到使命在肩，冲锋在前。

拓展阅读3 周恩来过了一个特殊的45岁生日

周恩来出生在江苏淮安一个没落的官宦家庭。9岁丧生
母，10岁嗣母又故去。在伯父的资助下，他得以到沈阳等地
读书。1919年五四运动爆发时，周恩来已是天津爱国学生运
动的领袖了。他负笈东瀛，旅居欧洲，比较各种学说之后确
立了共产主义的终身信仰，成为中国共产党的创始人之一。

1943年，抗日民族战争风起云涌。这年3月5日，迎来了
周恩来的45岁生日。

这天下午，在重庆红岩村南方局办事处机关的一片草地
上，一群青年围坐在周恩来的身边，静静地聆听周恩来结合
自己的身世和经历给大家讲党课。他说："我参加革命迄今20
余年，经实际斗争的锻炼，培养了一些工作能力。但由于母

教的过分仁慈礼让，使自己也带有几分女性仁慈，如看见杀狗或杀其他生物总觉得难过，缺乏一种顽强和野性，故对于党内错误路线的斗争，往往走向调和主义……"周恩来一直讲到黄昏，大家都听得异常认真。他回顾、检讨历史经验和教训，并进行了严格的自我剖析和反省。

散会后，机关同志特意准备了比平日多一点菜肴的晚餐，想以此简单形式来庆祝周恩来的生日，周恩来婉言谢绝了大家的美意，吃了一碗寿面以示感谢，后即离席回到办公室。

他独自一人在办公室，沉浸于45周岁生日触发的反思。

此时此刻，他按整风精神反复回顾个人经历中的体验和得失，深感自己的修为与实现党的事业目标所需要的努力，与中央开展整风运动对党的领导干部的要求等，还存在着诸多的差距。于是，他写下了著名的《我的修养要则》：

一、加紧学习，抓住中心，宁精勿杂，宁专勿多。

二、努力工作，要有计划，有重点，有条理。

三、习作合一，要注意时间、空间和条件，使之配合适当，要注意检讨和整理，要有发现和创造。

四、要与自己的他人的一切不正确的思想意识作原则上坚决的斗争。

五、适当的发扬自己的长处，具体的纠正自己的短处。

六、永远不与群众隔离，向群众学习，并帮助他们。过集体生活，注意调研，遵守纪律。

七、健全自己身体，保持合理的规律生活，这是自我修养的物质基础。

周恩来以这样一种特殊的方式，用自我审视、自我革命的精神，给自己45周岁留下一份特别的生日纪念，给后世留下一篇传世名作和一份红岩人风范的永恒记录。

就这样，没有任何排场，周恩来以这种他自认为最有意义的方式，度过了自己的45岁生日。

此后，周恩来《我的修养要则》也成为大后方的共产党员加强党性修养的标准。

拓展阅读4　苟悦彬："胸怀报国志，不问家与身"

1919年，苟悦彬出生于云南省绥江县。1947年，经同学介绍，苟悦彬来到重庆，考入21兵工厂任技术员。当时的21兵工厂是重庆地下党组织团结发动工人的重要阵地，也是地下党机关报《挺进报》的重点发行对象，工厂里的地下党员经常将《挺进报》送给进步工人秘密传看，以此团结、教育工人，让他们认识、了解国民党的腐朽统治，掌握解放区和人民解放军在全国各战场的动态。进入21兵工厂后，苟悦彬于当年10月加入了中国共产党，随后参与到发送《挺进报》的工作中。

1948年初的一天，传递出去的《挺进报》在一个同事手里被国民党便衣特务发现，特务迅速将此情况上报给国民党特务机关。为了不牵连其他战友和群众，苟悦彬立刻对那位同事说："报纸是我给的，一切由我来应付。"这时有战友劝苟悦彬赶紧离开隐蔽，但苟悦彬却表示："只要革命，就一定会有牺牲，为了保存一个重要的工作岗位，牺牲一个人是划算的。"

兵工厂的地下党组织在闻知这一消息后，立即作出决定，将苟悦彬和阅读《挺进报》的进步工人撤出21兵工厂。苟悦彬觉得自己走了可以安然无恙，却可能会引起国民党特务对工厂的地下党组织和进步工人进行侦讯和迫害，地下党在兵工厂的工作也会前功尽弃。他提出，由他承担传阅《挺进报》的全部责任，并且会一口咬定《挺进报》是一个厂外的朋友给他的。经再三请示，上级组织经过认真研究，批准了他的请求，将他留在厂里。苟悦彬主动向厂里的特务和稽查说明了《挺进报》是他传阅的，但特务为了"放长线钓大鱼"，竟然没有立即逮捕他，而是对他实施跟踪、监视。苟悦彬识破了敌人的伎俩，暂时不与任何地下党员和进步群众联系，特务对他无可奈何。

但1948年4月15日，国民党重庆警备司令部和兵工厂稽查处还是将他逮捕并随即关进了渣滓洞监狱。在狱中，面对敌人的威逼利诱和酷刑折磨，苟悦彬始终坚持《挺进报》是他一个人传阅的，是一个厂外的朋友给他看的。除此之外，敌人没有从他嘴里得到其他任何有用的情报。入狱前，苟悦彬还写了一封信交给地下党的同志，信中写道："看样子要进马列学院（指集中营）读几天书，请同志们务必不要误信特务的欺诈，我绝对不会有一句口供。"

1949年3月，苟悦彬托一个出狱的难友带了一封信给朋友，信中写道："我生活得很好，请转告我的家人放心。入狱前后受了7次刑，没有问出什么也就算了。转嘱姊妹们多多努力，无止境地进步，不要因我而消极灰心，并好好教育天如（他的孩子），要他继承爸爸的事业……"

苟悦彬字里行间对共产主义的坚定信仰、向往，以及由此产生的钢铁般的意志令人心生敬仰。"苟悦彬烈士的书信，是从他心灵深处流淌出来的拳拳心声、切切真情。"

在狱中，为抗议特务对难友的迫害，苟悦彬还积极参加绝食斗争，针锋相对地与特务进行谈判，争取到改善狱中生活条件、允许和家属通信的权利。

苟悦彬经常对难友说的一句话就是"胸怀报国志，不问家与身"。

1949年11月27日，国民党反动派对关押在渣滓洞监狱中的革命志士实施惨绝人寰的大屠杀，苟悦彬也不幸遇难，年仅30岁，他以牺牲自己的生命实践了对党的忠诚。

（源自"学习强国重庆学习平台"，转引自"今日合川网"2022年7月12日）

第三章

用『和衷共济的
爱国情怀』育人

红岩精神形成和发展于抗日战争和解放战争时期。在民族危亡的关头，"救亡图存"成为中华民族重大历史转折时期的最强音符和主要任务。中共中央南方局共产党人和革命志士在中共中央的领导下，高举爱国主义的伟大旗帜，坚定贯彻全面抗战路线，同心协力，共赴国难，凝聚起爱国主义的磅礴力量，在极端艰苦和险恶的环境中为谋求民族独立和人民解放作出了重大贡献。"和衷共济"是抗日民族统一战线得以形成并不断巩固发展壮大的重要内容与重要前提，"和衷共济的爱国情怀"也成为红岩精神不可或缺的重要组成部分。

　　"和衷共济的爱国情怀"是红岩精神的情感内核。在国家和民族生死存亡之际，无论是中共中央南方局共产党人和革命志士，还是歌乐山红岩英烈，他们同仇敌忾、众志成城、安危与共、肝胆相照，共同奏响了红岩精神气吞山河的爱国主义壮歌。

一、什么是爱国情怀

1.和衷共济的爱国情怀源远流长

和衷共济既是人类共同的襟怀，也是中华民族的历史基因。

早在先秦时期，"和衷共济"就在一些重要的文化典籍中有了表述。"和衷"出自《尚书》："同寅协恭和衷哉"，指人们彼此和谐恭谨、合作共事的精神状态。"共济"则出自《国语·鲁语下》："夫苦匏不材于人，共济而已"，指众人借助同一舟楫共渡江河的状态。清刘璞《将略要论》云："如能将吏相应，兵民相洽，倚民养兵，倚兵护民，兵坚民固，和衷共济，不亦善乎！"[1]"和衷共济"比喻同心协力，共同克服困难。

> [1] 邓平：《试论"和衷共济"的团结精神》，《重庆邮电学院学报(社会科学版)》2002年第4期，第69-72页。

2.爱国情怀是对祖国的心理感怀

"爱国"是热爱自己的祖国[2]。若每一个人都热爱自己的祖国，世界大同便指日可待了。此即"美美与共，天下大同"。

爱国情怀是一种对祖国的心理感怀。

心理感怀是主体对事物的内心反应和内在感受，对祖国的心理感怀是个体对国家最基础的内在情感反应，是爱国情怀形成的感性基础。国家是个人成长的摇篮和安全的守护者。在对祖国悠久的历史、灿烂的文明、

> [2] 中国社会科学院语言研究所词典编辑室：《现代汉语词典》，北京：商务印书馆，2012，第5页。

美好的山川河流与独特的风土人情逐步了解的过程中，当个人深切体会到自身与国家之间休戚与共的依存关系时，就会不自觉地与祖国建立起亲密而稳固的心理情感。这种心理情感，表现为对祖国锦绣河山、灿烂文化、人民同胞、辉煌历

史的赞美、自豪与尊崇，对分裂祖国、破坏民族团结等言行的否定、憎恨和愤怒，以及由此演绎出为祖国的生存发展、繁荣富强奋力拼搏的责任感、使命感并与损害民族和国家利益的人与事作斗争的献身精神。[1]红岩志士对祖国深厚的情感就是建立在对国家危亡与自身使命担当的认知之上，反映了他们对帝国主义侵略者和国民党反动派的憎恨和愤怒，表达了他们对救国图存，建立独立、民主新中国的殷切渴望之情。这是红岩志士形成纯洁崇高思想境界和坚如磐石理想信念的情感基础，也是他们迸发出真诚巨大人格力量和坚贞不屈浩然正气的精神动力。

① 熊建生、郭榆《爱国主义情怀的本质要义、核心内容和价值品性》，《思想理论教育》，2020年第10期，第54—58页。

3.爱国情怀是对祖国的价值关怀

情怀不仅是一种感性的情绪情感体验，也是主体形成的内在价值取向和价值追求。国家承载着全体人民的发展意愿和价值追求，是人们因为共同发展需求形成的价值共同体。爱国情怀体现为个人自觉将国家的主权安全、核心价值、根本利益和发展需求作为自身的价值标准，将维护国家尊严、安全和利益作为价值导向，将实现国家富强、人民幸福作为价值目标，将社会主义核心价值观作为行为选择，要求个人自觉树立爱国理想，并在行动中捍卫和践行理想。红岩志士在极端艰苦和险恶的斗争环境中，面对国民党顽固派对抗日民族统一战线的破坏，始终以国家利益为重，以民族大义为要，高举抗日民族统一战线的伟大旗帜，切实加强对国民党民主派、中间党派、文化知识界、工商实业界、地方实力派和海外侨胞的统一战线工作，不断巩固和扩大抗日民族统一战线。这种对祖国的价值关怀是红岩志士求同存异、救国图存，顾全大局、相忍为国，肝胆相照的意志基础和信念基石。

4.爱国情怀是对祖国的担当胸怀

爱国是中华民族的优良传统，也是中华民族精神的内核。爱国，不能停留在口号上，爱国是知与行的统一，只有把炽热的爱国情转化为坚定的强国志和高尚的报国行，才能凝聚起为国奋斗、振兴中华的磅礴伟力。爱国行为是个人爱国情怀的综合表现。只有当爱国情感转化为行为习惯，才能真正形成稳定的爱国品质。这种担当胸怀一方面体现为个人自觉将个人的发展与国家发展结合起来，以青春之我、奋斗之我，奉献青春之国家、青春之民族，把自己的远大理想、壮志豪情书写在振兴祖国的大地上，镌刻在民族复兴的大道上。另一方面还表现为个人不畏艰难，锤炼本领。一个人的担当能力往往取决于自身能力素养，要做到真担当、善担当、能担当，在实践中长才干、增本领。

二、红岩精神中的"和衷共济的爱国情怀"

"和衷共济的爱国情怀"，是以周恩来为代表的中共中央南方局共产党人和革命志士团结带领一切爱国人士，在共赴国难、同心协力、风雨同舟、安危与共，为完成救亡图存的民族大业，建立独立、民主的新中国而奋斗的过程中表现出的对祖国的热爱之情。

中国共产党人之所以能够在抗战大后方和国统区险恶的政治环境中，以"在千军万马中敢于与人家来往，说服教育人家，向人家学习，团结最广泛的人们一道斗争"的大勇，以"勤学、勤业、勤交友"的胸怀，以"谦诚相待，互敬互谅"的智慧，赢得众多的朋友甚至是曾经敌人的尊重和支持，将国统区各界爱国人士和广大人民群众团结在抗日、民主的旗帜下，为中国革命的胜利奠定了坚实的基础，作出卓越的贡献，根本原因就在于他们对国家和人民的深情大爱。红岩志士正是怀着对祖国的崇高使命担当，才能善处逆境、敢于牺牲，开展矢志不渝的艰苦奋斗，在艰难中开拓局面，在磨炼中锤炼本领，以"苟利国家生死以，岂因祸福避趋之"的博大胸怀，把天下兴亡放在肩上，积极投身波澜壮阔的伟大革命实践中去。

1.求同存异、救亡图存

"救亡图存"是近代爱国主义的时代主题，也是红岩志士爱国情怀的重要特征和目标指向。"求同"就是寻找共同理想、共同要求、共同利益，是构建和谐的基础；"存异"就是保留不同观点、不同主张、不同利益，是构建和谐的条件。[①]

中共中央南方局鲜明地体现了"求同存异"的思想，在与民族资产阶级、地方实力派，甚至在与国民党特务的交往中，采取灵活多样的政策，利用他们的矛盾心理，巧妙运用协调沟通、善于交友、以退为进的手段，为争取他们坚持抗战、同仇敌忾、走向进步、走向人民阵营奠定了坚实基础。

坚持团结是共产党人的优良传统，也是共产党人的智慧体现，统战工作不是只讲团结，还有斗争，要在斗争中求得团结。抗日战争期间，以工商界为主体的民族资产阶级是抗日民族统一战线的重要力量。由于对中国共产党了解不多，加上国民党对中国共产党的抹黑和污蔑，部分民族资产阶级

① 潘洵、刘志平主编：《红岩精神》，中共党史出版社，2018，第76页。

对中国共产党充满误解、疑虑甚至恐惧。为了消除他们的误解，调动民族资产阶级的积极性为抗战服务，中共中央南方局统一战线工作委员会下设经济组，专门"宣传抗日根据地财经政策，开展以工商界为主体的民族资本家的统战工作，同时搜集国统区的经济资料"①。

当时中国共产党党内一些同志对与民族资产阶级交朋友这个问题表示不解，甚至时任经济组组长的许涤新也有困惑。许涤新曾在一次对周恩来的汇报中更是直接提出：做民族资本家的统战工作，现在思想上还想不通。资本家是剥削雇佣劳动者的剥削者，他

① 中共中央党史研究室科研管理部、中共重庆市委党史研究室：《见证红岩——回忆南方局》（下），重庆出版社，2004，第282页。

们同买办资产阶级虽然存在着区别，但作为剥削阶级，那是一致的，与我们共产党人的阶级立场是完全对立的。同他们交朋友，建立统一战线关系，那我的阶级立场呢？共产党要打倒资本家，建立社会主义社会，进入共产主义社会。如果同民族资本家搞统战，难道不是同共产党人的历史任务背道而驰吗？

周恩来听完后哈哈大笑，问许涤新：你拥护统一战线吗？许涤新说：当然拥护。周恩来又说：党的统一战线难道把民族资产阶级放在外边吗？连国民党蒋介石集团我们都要同他们搞统战，何况民族资产阶级？民族资产阶级具有两面性，既有剥削工人的一面，又有爱国的一面。从马克思主义阶级理论来说，从现在中国的具体情况来说，这个阶级爱国的一面就是同他们搞统战的理论依据。统战工作不只是讲团结，还有斗争，这正是同民族资产阶级的两面性相适应的。有些同志害怕丧失立场，只抓斗争，而忽视团结，这是不正确的。

这是"左"倾思想在作怪。

许涤新听完周恩来的话后恍然大悟，接受了做民族资产阶级统战工作的任务。周恩来还特别嘱咐说："你既然接受这个任务，就要好好地干。……要打败日本，要反对国民党的妥协投降，只有团结一切可以团结的力量。要你做民族资本家的统战工作，就是为了坚持抗战，就是为了争取抗战的胜利。这就是工人阶级和广大劳动人民的利益，这就是共产党和工人阶级的立场。"[1]

与民族资产阶级"求同存异"，就要既与他们"剥削工人的一面"作斗争，又团结他们"爱国"的一面。这才是对马克思主义辩证法的正解。抗日战争期间，中共中央南方局共产党人与民族资产阶级广交朋友，创造性地开展工作，大大增强了民族资产阶级对中国共产党的认识和了解，推动了他们的政治觉醒，为促进他们走向人民民主阵营发挥了重要作用。正如周恩来后来所说："在1941年只有文化教育界靠拢我们，1945年民族资产阶级也靠拢我们了。"[2]

国民党地方实力派"包括有地盘的实力派和无地盘的杂牌军两种力量"[3]，是中间势力的重要组成部分，也是统一战线争取的重要对象。抗日战争和解放战争初期，根据中共中央"争取中间势力，孤立顽固势力"的政策，中共中央南方局利用地方实力派的矛盾心理，因势利导，争取他们停战抗日，反对蒋介石统治集团，为巩固抗日民族统一战线贡献了巨大力量。

① 中共中央党史研究室科研管理部、中共重庆市委党史研究室:《见证红岩——回忆南方局》(上)，重庆出版社，2004，第279-280页。

② 《纪念周恩来总理文物选编》，北京：文物出版社，1977，第58页。

③ 毛泽东：《目前抗日统一战线中的策略问题》，人民出版社，1966，第746页。

刘文辉是四川实力派军阀，时任国民革命军第24军军长。为争取刘文辉参加民族解放战争，早在1938年周恩来就开始与他交往。1942年，周恩来在重庆同刘文辉第一次见面。周恩来向刘文辉扼要地分析了国内政治形势，说明必须坚持抗战、坚持民主、反对独裁的道理，并表示不在他的部队发展中共组织，打消了他心中的顾虑。当年6月，周恩来派人到雅安与刘文辉处建立了与延安党中央直接联系的秘密电台，自此刘文辉与延安中共中央建立了直接联系，能够不断了解党中央的方针政策，在政治上不断受到教育。1946年的2、3月间，旧政协会议结束不久，周恩来特别提醒刘文辉，今后的政权问题完全取决于人民的意志，如果人民不要他，谁也站不住，并鼓励他把西康的工作做得好一点，以取得人民的支持，为刘文辉指明了政治前途。全面内战爆发后，刘文辉积极联系国民党内部的民主力量，组织团体，开展反蒋斗争。①

① 水新营：《周恩来对刘文辉的团结教育和关怀》，《红岩春秋》2022年第1期，第13—17页。

1947年，胡宗南率20万大军进攻中共中央所在地延安。根据毛泽东的战略部署，党中央暂时撤出延安，这在一些爱国人士的心里蒙上一层阴影，也给那些摇摆不定的人增加了反共砝码。刘文辉周围以王靖宇为首的几个反共分子开始每天劝说他不要和蒋介石决裂，要留后手，刘文辉一度动摇。得悉这一情况，周恩来通过情报工作人员多次对其进行劝导。随着国内局势的变化，1948年下半年，蒋介石集团江河日下，随着中共方面一个又一个喜讯传来，一心想摆脱国民党统治的刘文辉终于从内心深处消除了阴霾，坚定了跟随

① 水新营：《周恩来对刘文辉的团结教育和关怀》,《红岩春秋》2022年第1期，第13–17页。

共产党走的信心。[1]1949年12月，刘文辉联合当时四川的实力派邓锡侯、潘文华等人，在四川彭县（今彭州）宣布和平起义，为解放西南立下功劳。

"地方实力派"虽然同进步势力有矛盾，但他们同现在国民党中央政府的损人利己的政策亦有矛盾，并想利用我们同顽固派的矛盾以达其政治上的目的。地方实力派多属大地主大资产阶级，因此他们在抗日战争中虽然有时表现进步，但又因为他们同国民党中央势力有矛盾，所以只要我们有正确的政策，他们是可能在我们同顽固派斗争时采取中立态度的。[2]在做地方实力派的统战工作中，以周恩来为代表的共产党人正确把握了他们的矛盾心理，始终站在党和人民的立场上，求同存异，因势利导，与他们寻找共同思想、共同利益、共同要求，保留不同观点、不同主张、不同立场，争取他们坚持抗战、坚持进步、坚持民主，从而促进了他们的政治觉醒，巩固和扩大了抗日民族统一战线和人民民主阵营。

② 毛泽东：《目前抗日统一战线中的策略问题》人民出版社，1966。

2.顾全大局、相忍为国

相忍为国是指为了国家的利益而忍让、克制。中共中央南方局共产党人在日本全面侵华，国民党顽固派积极反共、消极抗日，不断制造各种摩擦的情况下，坚决贯彻中共中央"坚持抗战，反对投降；坚持团结，反对分裂；坚持进步，反对倒退"的斗争方针，顾全大局，坚守阵地，灵活运用又联合又斗争的政策，同日本帝国主义展开殊死斗争，同国民党顽固派进行有力斗争，维系了国共合作、全面抗日的局面。

抗战进入相持阶段后，国民党实行消极抗战、积极反共的政策。对于处理国共之间的矛盾，中共中央认为，抗战时期中国的基本矛盾是中日之间的民族矛盾，国内的阶级矛盾处于从属地位。为了坚持全面抗战路线，共产党对蒋介石集团实行又联合又斗争的政策。联合，就是坚持抗战、团结、进步的方针，使国民党留在抗日阵线内；斗争，就是反对国民党顽固派投降、分裂、倒退活动，使其不至于扰乱全面抗战的大局。

中共中央南方局发挥了作为国共军事合作重要联系渠道的作用。中共方面，通过举办南岳游击干部训练班，培养高素质、高水平的游击干部。从1939年2月到11月，该培训班一共办了三期。面对十年内战中与共产党为敌的国民党军队将领，中共中央顾全大局，不计前嫌，相忍为国，派出了30多人到游击干部训练班工作。周恩来、叶剑英等还亲自为训练班学员作报告，不仅讲游击战术，还讲政治课，宣传中国共产党持久抗战的战略思想，宣扬民族精神和民族气节，这对国民党官兵坚定抗战信念产生了积极影响，锻造培养了大批抗日精英和中共的亲密朋友。培训结束后，有的人到重庆办事处找叶剑英和教官们讲述他们在训练班之后的情况，表达了对蒋介石搞法西斯独裁的不满，有的还为中国共产党提供了重要的情报。

国民党顽固派于1941年1月制造了震惊中外的"皖南事变"，国内形势极其严峻。中共中央甚至一度认为"蒋介石似有与我党破裂的决心"，多次电催撤销国统区八路军办事处，让党员干部迅速撤离，并作出周恩来等领导人于最短期内离渝的指示。但周恩来、董必武、叶剑英经过深思后决定坚守重庆，尽可能争取时局好转。这一决定最终得到了中共中央的同意。于是，在中共中央的领导下，中共中央南方局开始对国民党的反攻行径进行有力回击。

从1941年1月12日开始，周恩来、叶剑英一连数天向蒋介石等人进行紧急交涉，要求停止围攻新四军。1月17日，周恩来在电话中怒斥何应钦为"中华民族的千古罪人"，并在《新华日报》上发表亲笔题词和挽诗，揭露和抗议国民党顽固派的罪行。周恩来、叶剑英还布置军事组编印《新四军皖南部队被围歼真相》传单，并把传单散发出去，使皖南事变真相大白于天下。1月25日，周恩来将中央军委关于解决皖南事变的12条办法，交给张冲转蒋介石，严正声明：蒋如不实行这12条，就不恢复两党谈判。2月14日，周恩来会晤美国总统罗斯福的代表居里，向其提供国民党制造摩擦的材料，严正说明蒋介石如不改变反共政策，势必导致中国内战，使抗战熄火、日本南进。由于中共的正义立场得到国内外的广泛支持，国民党当局陷入了空前孤立。在中共中央南方局的政治攻势下，蒋介石不得不重新考虑自己的政策。3月6日，他在第二届国民参政会上被迫表示"以后再亦决无剿共的军事"，并两次约见周恩来表示缓和。中共中央南方局以政治进攻的手段缝合了国共合作中的裂痕。①

① 《皖南事变后周恩来采取政治进攻》，《重庆日报》2014年9月8日.

3.肝胆相照、民主建国

在不同阶段，中共中央南方局根据中共中央指示，先后以抗战与民主、和平与民主为基本任务，同各民主党派和无党派民主人士合作，中国共产党和民主党派、无党派民主人士形成了风雨同舟、肝胆相照的亲密关系，共同为建立一个新民主主义的中国而努力。

"和衷共济"是全民族抗战统一战线得以形成并不断巩固发展壮大的重要内容与重要前提。要实现救国、建国、兴国的目标，靠个人单枪匹马是无济于事的，必须要靠"中国人"这个群体，万万同胞同心同德、齐心协力方能共渡难关。离开了"和衷共济"，爱国就是空中楼阁。

特园（如今已建成为中国民主党派历史陈列馆），被誉为"民主之家"，修建于1931年初，本是民盟元老鲜英的公馆。抗战初期，重庆成为中国的战时首都。时代潮流的因缘际会，特园成为中国共产党及各民主党派活动的重要场所，成为中国民主同盟和三民主义同志联合会的诞生地，成为中共中央南方局贯彻抗日民族统一战线政策的历史见证。在抗日战争和解放战争初期，为组织动员一切进步势力投身于民族独立和人民解放事业，中共中央南方局高举爱国主义和民主主义的伟大旗帜，加强与民主党派和无党派爱国人士交往和联系，帮助和促成了多个民主党派的建立和发展，为通过多党合作建立新中国奠定了重要的统一战线基础。

抗日战争期间，存在一些介于国共两党之间的中间党派，主要是"三党三派"（即中国青年党、国家社会党、第三党和中华职业教育社、乡村建设派、全国各界救国联合会），他们均主张抗日救国，反对国民党蒋介石集团的独裁统治。周恩来指出，抗日民族统一战线的内容是"以国共合作为基础的抗日各党派的共同合作"。中共中央南方局成立后，加强与各党派的联系。皖南事变以后，"三党三派"表示亟盼中国共产党切实援助他们尽快组织起来。中共中央南方局本着"扶助进步团体；照顾小党派利益；进行民主运动，要求各党派的合法地位；要求政治改革"的方针，大力支援他们在建立统一建国同志会的基础上，冲破国民党的阻挠和压制，于1941年3月19日在重庆成立了中国民主政团同盟，1944年9月改组为民主人士以个人身份入盟的中国民主同盟。[1]

① 黄蓉生主编：《红岩精神大学生读本》，西南师范大学出版社，2017，第132页。

在中共中央南方局的支持和帮助下，1941年5月，中国民族大众同盟在重庆成立（后改称中国民主革命同盟，即"小民革"，1949年解散）；1945年10月28日，三民主义同志联合会在重庆成立（后成为中国国民党革命委员会的重要组成部分）；1945年12月16日，民主建国会在重庆成立；1946年5月4日，九三学社在重庆成立。中共中央南方局积极加强与这些党派的交流、协商、合作，反对国民党的独裁统治，推动了多党合作的民主统一战线的形成和发展。这些民主党派的成立及其与中国共产党的友好合作关系，为新中国的成立奠定了重要基础，中国共产党领导的多党合作和政治协商制度也由此正式形成。[2]

② 李忠杰：《中共中央南方局对新中国成立的贡献》，《重庆日报》2019年9月22日。

4.海纳百川、育才兴国

1942年，毛泽东在《在延安文艺座谈会上的讲话》中指出："在我们为中国人民解放的斗争中，有各种战线，就中也可以说有文武两个战线，这就是文化战线和军事战线。我们要战胜敌人，首先要依靠手里拿枪的军队。但是仅仅有这种军队是不够的，我们还要有文化的军队，这就是团结自己、战胜敌人必不可少的一支军队。"[3]人才是强国之基、兴

③ 《毛泽东选集》（第三卷），人民出版社，1991，第847页。

国之本。抗日战争爆发以后，以毛泽东、周恩来为代表的中共中央南方局从国家利益出发，运用多种策略开展文化统战工作，为革命的胜利，为新中国的建设发展团结、培养了各类人才。

一是点燃科技人才新火种。

"党不仅需要政治家，也需要自己的科学家，而且从现在起就要注意培养。高级知识分子是国家的宝贵财富，必须加以团结和保护；年轻科技人员则需要让他们不断地学习和提高，参加国家的建设。"周恩来一直以来非常重视对科学技术工作者的培养和团结进步。抗日战争爆发以后，中共中央南方局在引导鼓励知识分子积极投身爱国民主运动中做了大量工作。

为了培养和吸引一批思想进步的科技青年，根据需要送去延安解放区或为将来建设新中国准备人才，1939年冬，根据周恩来、董必武的指示，中共中央南方局文委徐冰领导从延安来到重庆的周建南、孙友余等，筹建青年科学技术人员协会（简称"青科技"）。中共中央南方局要求以中共党员和党的积极分子为骨干，在抗日救国的基础上广泛团结青年科学技术人员，在钻研、交流科学技术的同时，提高其政治觉悟，逐步形成一个规模较大的拥护中国共产党号召的群众团体。1940年5月，青年科学技术人员协会在重庆正式成立。此后，在成都、贵阳、桂林、遵义等地筹建了分会，为新中国建设培育了一批科技火种。①

把科技工作者凝聚起来是中共中央南方局的一项重点工作。1945年7月1日，根据周

① 徐光煦：《霜重色愈浓——南方局领导下的大后方文化抗争》，《炎黄春秋》2019年第1期，第20—25页。

恩来的指示，《新华日报》社负责同志协助重庆自然科学座谈会（1939年成立）在重庆沙坪坝成立了中国科学工作者协会（简称"中国科协"），吸引了包括李四光、竺可桢等在内的100多位科学工作者的积极加入。中国科协是政治性学术团体，是高级科学技术工作者的爱国统一战线组织。中国科协成立后，其影响力迅速波及国内外，陆续在西南、西北的一些大城市建立分会，在美国、英国、法国等国也成立了分会，会员数量发展到七八百人。中国科协以科学技术专题座谈会、大型演讲会等形式，联系和团结广大科技工作者，在交流活动中，科技人员不断提高政治觉悟，深切感受到党对知识分子的爱护与珍视，更加了解了党对知识分子的政策。

此外，"九三学社"也是当时在毛泽东、周恩来的指导和关怀下成立的。"九三学社"是以社会科学技术界高、中级知识分子为主的具有政治联盟特点的政党，其前身是由民主科学座谈会（1944年成立）和重庆自然科学座谈会（1939年成立）联合建立的"民主科学社"。为了纪念1945年9月3日中国抗日战争和世界反法西斯战争的胜利，"民主科学社"改名为"九三学社"，1946年5月4日在重庆正式成立。而后，九三学社不断发展壮大，紧密团结了一批进步的中、高级知识分子，在民主革命中起到了积极的作用，也为建设新中国储备了大量人才。

二是凝聚文化抗战生力军。

抗战时期，进步文化运动是配合军事斗争的一条重要战线。在抗战进入相持阶段后，为了削弱共产党对文化工作的影响，国民党反动派开始实行严格的文化专制制度，打压进步文艺活动，宣布解散国共合作重要舞台——国民政府军事委员会政治部第三厅，并要求其全体人员集体加入国民党。时任第三厅厅长的郭沫若表示严重抗议。周恩来知悉消息后，也当即向政治部部长张治中表示，"第三厅这些人都是无党派的文化人，都在社会上很有名望，他们是为抗战而来的，你们现在搞到他们头上来了。你们不要他们，我们要！现在，我们准备请他们到延安去。"①在中共抗议和社会舆论的压力下，蒋介石妥协，决定在政治部内部另外成立一个文化工作委员会，任郭沫若为主任，但只准做研究工作，不能搞群众运动。

① 熊爱军：《周恩来领导国统区文化抗战轶事》，见2019年10月8日"中国共产党新闻网"。

面对国民党对进步文艺活动的种种限制，文化工作委员会中的共产党人遵照周恩来"跳出圈子去活动"的指示，充分利用各文化机构和团体，举办讲座、演讲会、报告会等，开展广泛的进步文艺宣传活动，扩大了抗日宣传的影响，冲破了国统区沉闷的政治空气。这些工作使重庆以至整个国统区都掀起了广泛的抗日爱国热潮。

皖南事变后，国民党反动派在加紧反共的同时，亦加紧对进步文化人士的迫害。为保护民族文化的斗士们，中共中央南方局根据"隐蔽精干，长期埋伏，积蓄力量，以待时机"的方针，对一些进步文化人士进行疏散转移。1942年5月28日，在得知国民党反动派拟屠杀中共党员、逮捕左翼文化人士的消息后，周恩来立即指示郭沫若召集在渝左翼文化人士侯外庐、邓初民、陈望道等开会，决定"如有人被捕即发消息，并尽量营救""在文坛地位稍低或过于暴露者，应立即离渝""分别通知各地左翼文人注意防范"。除了保护他们的安全外，中共中央南方局还尽力把在重庆、桂林等地的大批文化人士送往延安、解放区、香港及南洋等地。

面对国民党的迫害，中共中央南方局的共产党人和进步文艺界人士没有被吓倒，而是扛起抗战、团结、进步的旗帜并肩作战，同国民党当局的投降、分裂、倒退的政策作斗争。在中共抗日民族统一战线旗帜下，以郭沫若为代表，中共中央南方局聚集了阳翰笙、沈雁冰、田汉、洪深、翦伯赞、胡风、陶行知、老舍等精英，形成了一支具有强大文化影响力的团体，促进了抗战文化事业的发展。

三是培养建设新中国的留学人员。

抗日战争和解放战争时期，中共中央南方局把目光投向未来，动员进步大学生和青年科技工作者出国留学，为建设新中国储备了人才。

太平洋战争爆发后，国民党政府与美国签定协议，以"租借方案"和自费留学方式，派遣一批大学毕业生和技术骨干去美国留学或实习。中共中央南方局决定抓住这一机会，安排一批各有专长的党员通过官方考试或自费赴美留学。计苏华、徐鸣、赖亚力、兰毓钟、薛葆鼎、侯祥麟等中共党员先后通过官方考试，以学生护照或官方护照去美国留学，并在美国建立了中共工作领导小组，在留美学生中积极开展活动，还先后在美国纽约、波士顿、芝加哥、明尼苏达、旧金山、洛杉矶等城市的大学，建立了一系列学生团体。

全面内战爆发后，国内出现赴美留学热潮，数以千计的学生通过公费、考取奖学金等方式离开祖国，赴美留学。对此，中共中央南方局及其各级党组织，再次批准一些党员和积极分子留美，加强留美学生工作。中共在欧美的党组织通过积极开展活动，联系和团结了一大批留学人员，与其结成

反对国民党反动统治的统一战线，使他们在异国学习和工作
的同时，把自己和祖国的前途命运紧密联系
在一起，为新中国成立前夕动员他们回国参
加建设奠定了基础。①

从新中国成立前夕至20世纪50年代中
期，在国外留学或工作的高级科技人员相继
回国，形成了一次次高级科技人员回国潮，
李四光、华罗庚、邓稼先、钱学森、朱光亚等，都在这一段
时间内先后回国。他们在高等院校教书育人，为国家培养了
一批批各方面急需的专业人才；在国家财力和科研条件极为
有限的情况下，艰苦奋斗，取得了以"两弹一星"为代表的
高科技成果。在新中国的工农业生产、医疗卫生等战线上，
为改变国家一穷二白的面貌，默默奉献，开创了许多新领域，
取得了优异的成绩。②

四是培养新中国的外交官。

全民族抗日战争时期，面对复杂险恶的
政治环境，为寻求广泛的国际合作和支持，
在中共中央的领导下，南方局在1939年成立
了对外宣传小组，1940年底改为"外事组"，
制定了"宣传出去，争取过来"的外事工作
方针，广泛开展国际统一战线活动，搭建起与国际社会联系、
交往的桥梁。"宣传出去"，就是要把中国共产党的政治主张
和八路军、新四军的战绩以及敌后抗日根据地抗日军民对抗
战的贡献宣传出去。"争取过来"，就是把国际上一切爱好和
平，一切支持中共和正义事业的力量争取过来，建立和发展
国际统一战线。

① 刘志平：《南方局领导下的文化抗战生力军》，《红岩春秋》2021年第3期，第18-23页。

② 徐光煦：《霜重色愈浓——南方局领导下的大后方文化抗战》，《炎黄春秋》2019年第1期，第20-25页。

周恩来对外事工作提出"中肯求实、有理有节、求同存异、不亢不卑、平等待人、礼贤下士"的要求。在他的带领下，中共中央南方局充分利用公开合法的各种渠道，与各国外交使团和国际友人广泛接触，宣传中国共产党的抗战主张和抗日根据地的实绩，揭露国民党顽固派消极抗日、积极反共的真相，从而赢得国际社会和国际舆论的广泛同情与支持。在此过程中，中共中央南方局外事组王炳南、陈家康、龚澎等许多人后来都成为新中国外交战线上的重要干部和骨干。周恩来在中共中央南方局外事工作中形成的风格，也成为新中国外交工作的重要经验和优良传统。②

② 李忠杰：《中共中央南方局对新中国成立的贡献》，《重庆日报》2019年9月22日。

三、把"和衷共济的爱国情怀"转化为育人资源

历史是最好的教科书，也是最好的营养剂。

红岩精神中"和衷共济的爱国情怀"所蕴含的思想深度、情感温度和境界高度，是当代大学生必备的基本素质，对青年一代的健康成长成才具有十分深远的意义。

四川外国语大学作为一所发轫于军大，浸润着红色血脉，具有红色基因的重庆高校，学习传承弘扬红岩精神，是落实立德树人根本任务、加强党的建设和思想政治工作的必然要求。我们综合运用红色文化资源，将红岩英烈的爱国主义优良传统与学校立德树人的根本任务融合在一起，引领学校育人价值，贯穿学校育人体系，引导大学生做新时代红岩精神的守护者、传承者和践行者，让红岩精神在菁菁校园中赓续永传，促进大学生涵养碧血丹心爱国情，砥砺豪情干云强国

志，激励舍我其谁报国行，引导大学生把个人的前途命运与祖国紧密联系在一起，努力成长为合格的时代新人，为将来建设祖国、奉献社会奠定坚实基础。

1.让红岩故事进课堂，涵养大学生碧血丹心爱国情

"只有坚持爱国和爱党、爱社会主义相统一，爱国主义才是鲜活的、真实的，这是当代中国爱国主义精神最重要的体现。"[1]新时代爱国主义教育所涵养的碧血丹心爱国情，是一种强调忠诚于中华人民共和国、拥护中国共产党、坚定中国特色社会主义道路，倡导中国共产党领导与人民民主专政相协同、独立自主与合作共赢相统一、民族立场与国际视野相一致，坚持维护祖国统一和民族团结、尊重传承中华民族历史和文化、立足民族又面向世界的真挚情感。[2]

爱国情感是激发爱国行为的直接动力，涵养爱国情是新时代开展爱国主义教育的首位环节。[3]列宁也指出："没有'人的感情'，就从来没有也不可能有人对于真理的追求。"[4]爱国，是人世间最深层、最持久的情感，也是中华儿女最自然、最朴素的情感。纯洁崇高的爱国情需要崇高思想境界涵养，红岩精神中"和衷共济的爱国情怀"体现了中共中央南方局共产党人将共产主义远大理想、马克思主义基本原理与救国图存、民主建国、育才兴国的朴素愿景相结合的崇高思想境界，展现了

① 习近平：《论党的宣传思想工作》，中央文献出版社，2020，第178页。

② 黄蓉生、徐佳辉：《新时代红岩精神的爱国主义教育价值论》，《西南大学学报（社会科学版）》2021年第47卷第5期，第1-11页。

③ 《马克思恩格斯全集》（第四十二卷），人民出版社，1979，第169页。

④ 《列宁全集》（第25卷），人民出版社，2017，第117页。

"我以我血荐轩辕"的家国情怀、"顾全大局，相忍为国"的格局胸怀，能够将大学生产生的自发情感转变为自觉的共鸣情感，从而夯实大学生碧血丹心爱国情的形成基础。

——打造红岩精神教育精品思政课。

厚植爱国主义情怀是高校思政课的重要责任，我们在五门思政必修课中开设相应的专题，将红岩精神融入其中，把历史转化为课程、史料转化为教材，再通过"专题教学"推动教材体系向教学体系的有效转化。例如，在"思想道德修养与法律基础"课程中，在讲授"爱国主义精神"专题时，将中共中央南方局展现出来的"和衷共济的爱国情怀"纳入其中，以杰出爱国人士的人生经历为载体，让大学生从深层次理解什么才是真正的爱国主义精神，怎样才能做到坚持爱国、爱党与爱社会主义的统一，砥砺强国志，在行动层面做到更加理性爱国。在"马克思主义基本原理概论"课程中，在讲授"人民群众在历史发展中的作用"专题时，结合抗战大后方中共中央南方局的统战工作实际案例来谈，使大学生深刻认识到新民主主义革命的伟大胜利来之不易，离不开全国各族人民的团结奋斗，进而明确自身肩负的时代使命与责任，增强大学生的社会责任感和担当精神。在"中国近现代史纲要"课程中，在讲授"为新中国而奋斗"专题时，结合讨论红岩革命英烈为夺取抗战胜利做出的巨大牺牲，结合中共中央南方局为实现"民主建国"与各民主党派肝胆相照的故事，引导大学生自觉将个人命运与国家、民族命运相连，在实现中国梦的伟大进程中放飞自己的人生梦想。在"毛泽东思想和中国特色社会主义理论体系概论"课程中，结合重庆地方的红色育人基地，开展相应的实践教学，让大学生切实感受红岩精神的时代魅力和现实价值。在"形势与政策"课程中，则设置"红岩精神"的专题，结合四川外国语大学的"双红基因"和发展历程，通过专题教学系统讲授红岩精神，让川外学子莫忘来时路，砥砺未来志，不负少年心。

——编纂适合大学生阅读的红岩故事。

科学选择故事内容是讲好红岩故事的前提和基础。随着时代的变化，和平与发展已成为时代主题，在红岩故事的选择上要突出时代性与针对性，注意贴近学生、贴近生活、贴近实际，根据时代特征、大学生的思想需求、专业学习需求，以及育人目的来寻找切入点，选择适合大学生学习的红岩故事。

四川外国语大学针对外语类学生的特点，编撰《中共中央南方局走出去的共和国外交官》《中共中央南方局外事组的故事》等故事合集，采取中英双语甚至多语种的方式制作学习读本，与大学生的专业学习相结合，让同学们在语言学习的过程中了解红岩故事，学习红岩历史，传承红岩精神，明确新时代外语人的使命，从而在潜移默化中涵养学生的爱国情。

四川外国语大学组建"红岩精神党史宣讲团"或"红岩班"。宣讲团以学校党委书记为团长，分管校领导为副团长，党委宣传部为主管部门，设立历史研究宣讲分团、党性教育宣讲分团、研学教育宣讲分团、文艺展演宣讲分团、志愿服务宣讲分团等分团，精心选拔学校各院系的专家学者、优秀党政骨干、优秀师生讲解员以及优秀志愿者等，加强人才教育培养，精心创作红岩英烈故事，通过体验式、沉浸式的故事宣讲形式，让红岩故事鲜活起来，成为大学生学习教育的

"活教材"，提高红岩故事的传播力和影响力，厚植大学生的爱国情怀。

"川外青年党史故事讲演团"以马克思主义学院在校研究生为主体，主要以"讲"和"演"的形式宣讲党的故事、革命的故事、英雄的故事，厚植广大师生爱党、爱国、爱社会主义的深厚情感。一个个党史故事虽小，但道理深刻，寓意深远，讲演团成员通过讲好每一个故事，演好每一个情节，充分发挥党的历史教育人、启迪人、感化人、鼓舞人的育人功能。讲演团已经成功举办了两届，为全校近千名师生奉献了一堂堂精彩的思想政治教育课，并且还走出校门，走进文苑社区、四川外国语大学附属小学校等，深入基层群众，推进党史学习教育向基层延展。同时，学校多个部门也开展了"学习新思想 展现新作为 喜迎二十大'川外青年说'微宣讲活动"，这些都为组建红岩故事宣讲团队积累了丰富的经验和基础。

四川外国语大学发挥红色基因渊源深厚、翻译人才培养质量优良的优势，与重庆红岩联线文化发展管理中心合作共建红岩精神宣讲团队，围绕大学生红色文化教育爱国主义教育、思想政治理论课现场教学、学生课程思政现场教学、红色文化多语种翻译、景区文旅翻译、外宣译介、大学生社会实践、志愿服务以及红岩故事宣讲课题互研、课程互建、资源互享等方面进行深入合作，将红色基因融入人才培养体系，融合革命文化与外文翻译，实现专业叠加效应。培养大学生在校园内外、展览馆、博物馆、纪念馆、爱国主义教育基地等用故事讲解形式开展红岩精神的研学活动，为部分社区、中小学开展红岩精神辅导及宣讲，让学生在讲演中"感怀革命英烈，感悟红岩精神，感恩伟大时代，感念家国情怀"。

我们在课前设置"资料检索和搜集整理"教学实践环节，让大学生分组主动检索相关文献资料，展开对红岩精神的研究分析。在课堂中可以围绕红岩精神相关问题展开分组讨论，让学生在讨论中逐渐形成对红岩精神的共性思考。让学生自己讲红岩精神，能够激发学生自我学习、自我教育的主动性，在讲述中深化对红岩精神价值取向和实践指向的理解。

2.让红岩精神进教材，砥砺豪情干云强国志

爱国情的生发与涵养并非一蹴而就，而要久久为功，这就需要构建长效机制，在校园的物质文化、精神文化与制度文化建设中贯穿红岩故事，确保红岩故事宣传教育常态化、制度化。让红岩精神进教材便是这种常态化、制度化的重要举措。

——把红岩故事进教材作为新文科建设价值引领的重要一环。

红岩精神是大学生思想政治教育的宝贵精神资源，也是大学生思想政治理论课教育教学的有效载体。将红岩精神融入大学生思政课教学，关键在于开展有效的课堂教学。

丰富多彩、昂扬向上的校园文化活动是高校校园文化不可或缺的组成部分，要把红岩故事与这些活动结合起来，不仅要选择合适的时机，也要结合专业特色，寓教育于文化活动之中，才能激发学生的学习兴趣。因此可以结合学校的实践周、文化周、联欢会、演讲比赛、翻译比赛、班服大赛等，将红岩故事寓于其中，对大学生进行爱国主义精神教育。例如，学校东方语言文化学院就发挥学院多语种的专业特色和优势，在学校实践周开展"讲好红岩故事，传播红色声音"

系列活动，用9个语种讲述红岩故事，向世界宣讲党史。在手抄报决赛中，同学们以9种语言为媒介，将自己的奇思妙想和爱国、爱党的赤诚之心相结合，令人动容的红色故事在画纸上显得格外生动，配合着同学们的讲解，革命英雄的伟大形象跃然纸上，也久久装进了学生心中。

——在校园环境建设中融入红岩精神这一主题。

一花一叶一世界，一物一景一世情。校园整体布局、绿化雕塑、标识景观是校园的显性文化，校园环境会在潜移默化中对大学生的价值理念、精神风貌发挥着"无声之教"的影响。这也是一种"教材"。目前，四川外国语大学校园景观中的"红梅林"建设已成果彰显。我们还规划在校园内建立红岩故事文化长廊、在图书馆建设红岩故事展览馆，在校园摆放红岩故事中著名人物的雕塑。比如凸显中共中央南方局培养的优秀留学生，展现其排除万难、学成归国、为国奉献的故事激励大学生学习为国、奋斗强国。

——在川外精神与校训阐释中注入红岩精神的内涵。

学校的传统、仪式和规章制度是校园文化的内在机制，具有较强的稳定性，将有效保障红岩故事宣讲的制度化和常态化。一是在校训阐释中融入红岩精神的深刻内涵。校训是一种训示和诫勉，是广大师生共同遵守的基本行为准则与道德规范，是学校办学理念、治校方针的反映，也是学校人才培养的价值取向。"海纳百川、学贯中外"的校训，既是四川外国语大学70多年来兴学育才实践历程的精神烙印，也凝聚着学校对"立德树人"的价值引领与精神追求。四川外国语大学从人民军队中走来，具有"忠于人民、服务国家"的精神和职责，一代又一代川外人为民族振兴、国家富强而不懈奋斗，始终将为国育才、为党育人的使命责任萦绕于心，"海纳百川、学贯中外"的校训与红岩志士"海纳百川，育才兴国"的爱国情怀具有内在的一致性，体现了四川外国语大学对红岩精神一脉相承又与时俱进的传承发展。

3. 让红岩精神润物细无声，激励舍我其谁报国行

涵养爱国情感是一项和缓温柔、浸润感化的过程，需要遵循情感生发的客观规律、适应心理需求。运用红岩精神涵养爱国情，需要注重滴灌与漫灌相结合，力争达到春风化雨、润物无声的效果。重要途径之一便是用心用情讲好红岩故事，以故事讲历史，以历史悟精神，以精神力量叩响大学生的心灵之门、情感之窗，做到用情感人、以情化人。

——注重仪式感，让红岩精神入脑入心。

在每届新生开学的军训期间，学校以"红岩革命故事展演"作为一堂特殊的"开学思想政治教育第一课"。还在成人仪式、入党仪式、升旗仪式、清明节、国庆节、重庆"11·27"烈士殉难周年纪念日、毕业典礼等对大学生具有特殊意义时间节点和国家法定节假日、纪念日，开展"一次庄重的成人集体宣誓、重温一次入党誓词、清明节开展一场深情祭扫、国庆节参观一个红岩专题展览、'11·27'为红岩英烈送上一枝花、升旗仪式上聆听一个红岩故事、毕业唱一首红岩歌曲"等特色仪式活动，让红岩故事真正入脑入心。

——开设"红岩精神专家大讲堂"，让德才兼备的长辈言传身教。

学校邀请红岩精神研究的专家、学者，或者红岩革命人物、红岩英烈后代进入课堂教学。专家学者进入课堂与大学生面对面交流，分享研究成果和研究体会，深化大学生对于红岩精神的理性认知。而红岩革命人物亲身经历了红岩精神的形成和发展，红岩英烈后代多年经受红岩精神的洗礼，对红岩精神有着切身体会，他们为大学生"讲红岩故事""唱红岩赞歌""述红岩典故"，更具有感染力，更能激起大学生对红岩精神的学习热情。

——用文学艺术手段，让红岩精神化入学生日常生活。

"红色音乐文化""红色诗词文化""红色影视文化""红色日记文化""红岩小说翻译赏析"等带有文学艺术色彩的活动，大学生往往非常喜欢。中国语言文化学院结合专业特点开设"红色诗词文化""红色遗址文化""红色日记文化"等选修课。马克思主义学院结合改革开放史的教育开设"改革开放精神"选修课。新闻传播学院结合广播电视、广播电视编导等专业开设"红色影视文化"选修课。英语学院结合翻译专业开设"红岩小说翻译赏析"等选修课，通识教育学院结合音乐课程内容开设"红色音乐文化"选修课，不断探索创新专业教学与红岩精神育人的结合点，提升育人效果。

音乐具有巨大的感召力量，一曲红梅赞吟唱出丹心一片向阳开。《红梅赞》《你是这样的人》《沁园春·雪》《红梅随想》《绣红旗》《那就是我》《我为共产主义把青春贡献》《国际歌》等一首首歌曲凝聚着中华民族由危亡走向新生继而迈向辉煌的厚重历史，展现了革命先辈们坚如磐石的理想信念、和衷共济的家国情怀、艰苦卓绝的凛然斗志和百折不挠的浩然正气，穿越时空而历久弥新。通过开设红色音乐文化课，学校让学生在聆听红色音乐、感悟红色文化的过程中，深刻缅怀筚路蓝缕的岁月，回溯激情燃烧的年代，以音乐感悟党史，用歌声铭记初心，进一步传承红色基因，赓续精神血脉，砥砺强国志向。

学校针对广播电视编导专业的学生，在把握红岩精神基础性知识的基础之上，指导学生拍摄红岩故事影视作品，激发大学生的创作灵魂，挖掘红岩精神的时代价值，以时代性的表达方式让红岩精神在大学生的现实生活中"活力再现"，在专业实践中培养家国情怀，在解决实际问题中强化爱国志向。

与其坐而论道，不如起而行之。

实践是认识之源，正确的认识是从实践中而来。在爱国主义教育过程中，要养成为民族复兴而奋斗的强国意志，需要在大量实践中反复磨砺、在多番苦难挫折里愈发坚定，因此要让大学生真正理解红岩精神的深刻内涵和实践指向，就必须回到实践中去。学校针对年级、专业特点，通过红岩经典研读、红色观影、口述红岩历史、志愿服务、社会调研、访谈交流等多种形式，促进学生了解历史、了解国情、了解社会，增强历史责任感和使命感，让学生切身感受国家发展成就，激发报国之情，砥砺报国之志。

培养新时代青年"和衷共济的爱国情怀"，重在不断汲取红岩精神的文化滋养，我们要引导大学生真正明白空谈只会误国、实干才能兴邦，要在小事着手、于实处用力，自觉让爱国情、强国志、报国行伴随着自己的成长。

案例展示 参与周恩来与马歇尔谈判全过程的章文晋的故事（中英文对照）

章文晋（1914—1991），浙江台州人。

Zhang Wenjin（1914—1991）was born in Taizhou, Zhejiang province.

抗战时期，章文晋留学回国，一方面投入抗日救亡运动，一方面在西南联大完成学业。1944年下半年，党中央决定将一批从西南联大毕业的青年学生经重庆撤往延安，以便为战后储备外语人才。由于中共中央南方局外事组急需外语人才，章文晋被留在重庆外事组工作。

During the War of Resistance against Japanese Aggression, Zhang returned China after studying abroad. On the one hand, he devoted himself to the Anti-Japanese National Salvation Movement; on the other hand, he completed his studies at the National Southwestern Associated University. In the second half of 1944, the CPC Central Committee decided to withdraw a batch of young students who graduated from National Southwestern Associated University to Yan'an through Chongqing in order to reserve foreign language talent for the post-war period. As the Foreign Affairs Group of the Southern Bureau was in urgent need of foreign language talent, Zhang was kept to work in the Foreign Affairs Group in Chongqing.

在重庆时期，章文晋接替了龚澎的工作，这成为他外交生涯的起点。作为周恩来的翻译兼秘书，章文晋参加了1945年至1946年周恩来与美国特使马歇尔谈判的全过程。他凭借流利的英语和扎实的中文功底，陪同周恩来、马歇尔一起南下北上，调处国共矛盾，圆满完成了翻译任务，深受周恩来的赞赏。

With his stay in Chongqing, Zhang succeeded Gong Peng, which became the starting point of his diplomatic career. As Zhou Enlai's translator and secretary, Zhang Wenjin participated in the whole process of the negotiations between Zhou Enlai and U. S. presidential envoy G. C. Marshall from 1945 to 1946. With fluent English and solid Chinese language skills, he accompanied Zhou Enlai and G. C Marshall to the South and North to mediate the contradictions between KMT and CPC, successfully completed the translation task, and was deeply appreciated by Zhou Enlai.

章文晋后来回忆，在重庆时，他起草了一篇抨击国民党外交政策的发言稿。看了初稿，周恩来不太满意，对他说，一个射手是好是坏，不在于他一下子打出了多少发子弹，而在于看他是否一枪就命中靶心。章文晋顿时明白，自己的稿子是四面出击却没有击中要害。根据周恩来的修改意见，章文晋很快改出了第二稿，周恩来看了非常满意。

Zhang Wenjin later recalled that when he was in Chongqing, he drafted a speech criticizing KMT's foreign policy. After reading the first draft, Zhou Enlai was not very satisfied. He told him that whether a shooter is good or bad depends not on how many bullets he fired at once, but on whether he hit the bull's-eye with one shot. Zhang suddenly found that his draft made an attempt to attack in all directions, but failed to get to the point. According to Zhou's modification opinions, he quickly revised and produced the second draft, which satisfied Zhou very much.

重庆谈判期间，毛泽东会见加拿大驻华大使时，章文晋被选定做翻译。会谈结束后，毛泽东误以为穿西装的章文晋是加拿大驻华使馆的译员，还夸赞说："这位先生翻译得不错嘛！"章文晋赶紧解释，自己是八路军办事处的工作人员。毛泽东一听，更高兴了。此后，章文晋从重庆、上海、南京到延安，一直跟在周恩来身边从事翻译和秘书工作。

During the Chongqing Negotiations, when Mao Zedong met with the Canadian ambassador to China, Zhang Wenjin was selected as the translator. After the talks, Mao Zedong mistook Zhang in suit as an interpreter of the Canadian Embassy in China and praised him, "this gentleman is quite an excellent translator!" Zhang Wenjin quickly explained that he was a staff member of the Eighth Route Army Office. Mao was even more overjoyed after hearing this. Since then, Zhang Wenjin had been engaged in translation and secretarial work with Zhou Enlai from Chongqing, Shanghai, Nanjing to Yan'an.

1949年1月，天津解放，章文晋在天津外事处工作，后被周恩来调入外交部，历任外交部亚洲司司长、部长助理、外交部副部长、中国驻美大使、中国人民对外友好协会会长等职，是中华人民共和国第一代杰出的外交家。

In January 1949, after the liberation of Tianjin, Zhang Wenjin worked in the Tianjin Foreign Affairs Office. Later, he was transferred to the Ministry of Foreign Affairs by Zhou Enlai and successively served as director of the Asia Department of the

Ministry of Foreign Affairs, Assistant Minister, Vice Minister of the Ministry of Foreign Affairs, Chinese ambassador to the United States and president of the Chinese People's Association for Friendship with Foreign Countries and was indeed the first generation of outstanding diplomat of the People's Republic of China.①

在革命年代，外语是我们斗争的一种武器，为了在国际上发出中共的声音，中共中央南方局利用多种渠道"宣传出去"，外语人才肩负着对外"宣传队"的光荣使命。而现在，习近平总书记指出："深化中外交流，增进各国人民友谊，推动构建人类命运共同体，讲好中国故事，需要大批外语人才，外语院校大有可为。"②吾辈应该接过先辈手中的接力棒，肩负起建设新时代"宣传队"的时代使命。

① 重庆与世界：重庆对外宣传门户网站，访问日期：2023年9月12日。

② 在北京外国语大学80周年校庆之际，习近平总书记给北外老教授的回信。

拓展阅读5：饶国模的故事

提到红岩村，必须要提到一个人——饶国模。

1949年11月30日，重庆解放。在庆祝重庆解放的大会上，邓小平向与会人员介绍饶国模说："这是红岩村革命的妈妈。"1985年，邓颖超回到曾生活和战斗过的红岩村，在饶国模墓前凭吊时说："没有饶国模，我们哪来的红岩呦。"

重庆红岩村八路军办事处

历史闪回到1939年。重庆红岩嘴大有农场的主人饶国模拿出了大有农场的土地，提供给八路军驻重庆办事处，用于修建办公楼。同时，她还提供已有房屋，用来作为办事处的其他公共区域。另外，她还单独提供土地，让大家可以种菜，保证供给。可以说，没有饶国模的帮助，也就不会有后来红岩村的发展。

饶国模，1895年出生于重庆大足一个书香门第，是黄花岗七十二烈士之一饶国梁的胞妹。1922年，饶国模随丈夫来到重庆，因不愿在家享清福，于是和朋友创办三友实业社。后来，饶国模买下郊外红岩嘴（1945年改名为红岩村）的土地开办大有农场，1930年在农场中央建成一座小楼。

1939年春，日军狂轰滥炸重庆，为确保中共中央南方局暨八路军驻重庆办事处的正常运行，中共川东特委书记廖志高派饶国模的儿女动员母亲同意共产党在农场修建公开办事机构，饶国模欣然同意。她说："共产党都找到了自己门前，岂有不欢迎之理。"

饶国模母女与董必武夫妇

就这样，饶国模垫支费用，积极经办楼房修建事宜，使中共中央南方局暨八路军驻重庆办事处在危难时刻得以安身立足，并在红岩结庐八年。

1948年，在中共川东地下党组织遭受破坏最惨重之际，饶国模毅然加入中国共产党。1950年7月1日，饶国模将红岩村的土地、房屋全部无偿捐献给了国家。

1960年，饶国模在北京病逝。

如今，在红岩村举办的"红岩女杰饶国模生平事迹展览"

中，仍可见饶国模捐献土地、房屋的红绸信。饶国模在红绸上写道："……特将重庆市红岩村内房屋两大栋，果园一幅，连同地皮一千方丈敬献我人民政府……"

（资料来源：2023年3月17日重庆日报全媒体记者 赵迎昭）

拓展阅读6：沈安娜的故事

沈安娜像

沈安娜于1915年出生在江苏泰兴的一个书香门第。1935年1月，沈安娜被录用为浙江省政府秘书处议事科速记员。当时的沈安娜并没有想到，上海地下党组织的这一次安排，成为自己潜伏在国民党中央核心机关里从事15年地下情报生涯的开始。

1938年8月，武汉保卫战失利，国民党机关开始陆续撤往重庆。遵照董必武的指示，沈安娜和丈夫华明之跟着"国民参政会"的包船前往重庆，并到机房街八路军办事处报到。

到重庆不久，国民党中央党部就通知沈安娜，"特别入党"的党证已经批下，安排她在国民党中央党部秘书处的机要处当机要速记。此后，沈安娜在国民党中央党、政、军、特的高层会议上担任速记，凡是蒋介石主持的会议，沈安娜是速记的不二人选。

沈安娜获得的重要情报源源不断，由丈夫华明之送出，直抵周恩来等中共中央南方局领导的手中。来自国民党高层的许多绝密情报，周恩来等中共中央南方局领导了然于胸，避免了工作的被动，进行了针对性对敌斗争。

1942年8月，一个突然事件发生了：沈安娜的直接领导人徐仲航被国民党逮捕，她与组织的联系中断了。这时，沈安娜心里非常焦急。她知道八路军办事处就在红岩嘴，几次都想去找组织，见见敬爱的周恩来、董心武、邓颖超和其他同志，可她清醒地知道：自从国民党发动反共高潮以来，红岩嘴周围布满特务，如果贸然前去，不仅给个人带来危险，而且将使党组织和同志们受到牵连。她默默地告诫自己，要牢记周恩来"地下情报工作要长期隐蔽"的教导，绝不轻举妄动，坚持耐心等待组织的出现。

1943年，宋美龄经常到妇女指导委员会发表演讲，需要有人记录，该会总干事知道沈安娜速记水平高超，就邀请她去做速记。为取得宋美龄的信任，沈安娜精心速记并将其整理成文，将记录装订得非常漂亮，宋美龄看了后十分高兴，以后每次讲演总要把沈安娜带在身边。这样，沈安娜又多了一条情报来源。

1945年5月，国民党在浮图关召开"六大"，沈安娜奉命到大会做速记。这次大会是国民党针对共产党"七大"而召开的。蒋介石作报告时对毛泽东的《论联合政府》极力诋毁，叫嚷全党要"精诚团结"，对付共产党。会议确定抗战胜利后，要收复全部失地。会议决定成立"整军肃纪特种委员会"专门对付共产党。沈安娜想，这次大会策划的阴谋，是国民党今后一个时期的指导方针，组织上一定很需要了解，虽然暂时无法送出，也要保存一份，一旦能取得联系就交给组织。

由于沈安娜的出色工作，并从未暴露，她因此被誉为"按住蒋介石脉搏的人"。

04

用『不折不挠的凛然斗志』育人

"红岩上红梅开，千里冰霜脚下踩，三九严寒何所惧，一片丹心向阳开"。

这是歌剧《江姐》中的经典唱词。

越是伟大的事业，越是充满挑战，越需要英雄，越需要斗争精神。

斗争精神是共产党人与生俱来的优良基因和历史传承。一百多年来，中国共产党人为中国站起来、富起来、强起来，为推进中国特色社会主义伟大事业、党的建设新的伟大工程和实现中华民族伟大复兴的中国梦进行了不屈不挠的斗争，涌现出一大批英雄人物，创造了无愧于民族、无愧于国家、无愧于人民、无愧于时代的卓越贡献。

在建党100周年发布的《中共中央关于党的百年奋斗重大成就和历史经验的决议》中，"坚持敢于斗争"作为党领导人民在百年奋斗历程中积累的宝贵历史经验之一，是党和人民共同创造的精神财富，也是"党和人民不可战胜的强大精神力量。"①

① 《中共中央关于党的百年奋斗重大成就和历史经验的决议》，人民出版社，2021，第66页。

抗日战争和解放战争时期，战斗在重庆

红岩的共产党人在风雨如磐的斗争岁月中挺身而出。他们在最危险的地方坚决斗争，他们在死亡面前毫无所惧，为我们展现了什么才是中国共产党人"不折不挠的凛然斗志"。

"不折不挠的凛然斗志"这一红岩精神的特质充分体现了中国共产党人"不怕牺牲、英勇斗争，不畏艰险、百折不挠，敢于斗争、善于斗争"的革命斗争精神。

一、什么是凛然斗志

凛然，往往形容一种令人敬畏的神态。

《孔子家语卷八·致思》云："夫子凛然曰：'美哉德也！'"（孔子神情肃穆地说："多么美好的德行啊！"）唐诗人刘禹锡在《蜀先主庙》诗中有句："天地英雄气，千秋尚凛然。"《宋史卷四百五十·李芾传》有云："芾为人刚介，不畏强御，临事精敏，奸猾不能欺。且强力过人，自旦治事至暮无倦色，夜率至三鼓始休，五鼓复起视事，望之凛然犹神明。"讲的是李芾其人（南宋名臣）为人刚直不阿，不畏强权，处事精明机敏，奸猾的人骗不了他。而且，他还精力过人，常常是从早上办理公务直到晚上仍无疲倦之色，晚上常常工作到三更天才去休息，五更天就又起来处理公务。"望之凛然犹神明"，作者对其极尽赞美之能事。

"凛然"与"斗志"并列，便成就了中国革命话语体系中的斗争精神。

凛然斗志表达的是一种面对各种挑战的态度。它体现的是前进道路上的一种意志和决心。中国共产党已经走过百年历程，从建党、建军到成立新中国，再从站起来、富起来到强起来，一路走来充满了各种各样的艰难险阻和困难挑战。

推动这个党不断向前的，不单是科学的理论、成功的方法，抑或什么技术手段，更是凭着这种伟大的斗争精神。正是这种精神，能够支撑、推动我们走出困境，突破瓶颈，解决发展道路上遇到的各种问题。

凛然斗志代表了一种勇于克服严峻困难解决突出矛盾的路径。它告诉我们在遇到困难和艰难险阻时应该怎么办。比如，要实现人与自然和谐共生，必然会遇到经济发展与生态保护之间的矛盾，这就需要我们统筹全局，抓主要矛盾，坚持绿水青山就是金山银山，想办法去平衡，去解决问题。这时候，斗争就是一种解决问题的思路或方式。

凛然斗志体现的是一种大智慧，并非一味针锋相对，而是特别注重转化和共赢。社会是在矛盾运动中前进的，有矛盾就会有斗争。但是解决矛盾的方法并非非黑即白，针锋相对。而是要掌握各种方法，抓住矛盾的主要方面，解决主要矛盾，使矛盾和问题向有利的方向转化，最好是能够实现共赢。

凛然斗志作为一种革命人的基本品性，有以下三方面要求。

一是敢于斗争，越是艰险越向前。中国共产党在斗争中诞生、在斗争中发展、在斗争中壮大。中国共产党带领中国人民走过的革命、建设、改革之路充满艰险，我们未来推进新发展的道路依然危机四伏。作为一个在斗争中成长和壮大起来的党，中国共产党人的斗争精神首先表现为敢于斗争、敢于攻坚克难。面对影响我们实现"两个一百年"奋斗目标和民族复兴的各种风险挑战，"必须进行坚决斗争，毫不动摇"。我们肩负的使命和任务是前所未有的，我们将要面临的困难和斗争也是空前的，这就愈发需要我们以前所未有的勇气直面风险挑战。

二是敢于胜利，狭路相逢勇者胜。斗争精神必须表现为在困难面前拥有获得胜利的信心和魄力，它是狭路相逢中的勇者。斗争的目的是战胜困难，取得胜利。如果只埋头斗争，不追求胜利，就不是真正的斗争精神。中国人民在革命、建设和改革过程中克服了重重困难，取得了伟大成就，迎来了今天的美好生活。历史和现实不断证明，自强不息的中国人民没有克服不了的困难，没有取得不了的胜利。

三是敢于向往，斗罢艰险又出发。面向未来，重大斗争会越来越多。顽强的斗争意志不仅是在一次次风险和挑战面前敢于迎难而上，更表现为在接踵而至的困难和挑战面前始终保持斗争的勇气和魄力，始终保持面向未来，争取胜利的决心和毅力。必须做好长期艰苦、不断应对风险的思想准备，时刻以昂扬的斗志、饱满的精神迎接下一场挑战。

二、红岩精神与"不折不挠的凛然斗志"

中国共产党坚持敢于斗争，深深地植根于马克思主义唯物辩证法，是贯穿党的百年奋斗历程的主线。

1939年1月，在党中央领导下，周恩来在重庆组建了中共中央南方局。此后8年多的时间，在周恩来、董必武、叶剑英、王若飞、邓颖超、吴玉章等一批富有经验的革命家领导下，在异常恶劣的斗争环境下圆满完成了历史交予的使命与任务。

在重庆，桂园、周公馆所在的曾家岩和红岩村（中共中央南方局暨八路军驻重庆办事处旧址）、虎头岩（《新华日报》总馆旧址）被称为"红色三岩"。

"红色三岩"是抗战时期中国共产党在国统区和部分沦陷区的一盏明灯，是中国共产党开展统战工作的主阵地，是红岩精神的发祥地，也是重庆一张响亮的文化名片，其历史地位和时代价值重大。

历史闪回到重庆解放前夕。

1949年11月1日，人民解放军开始了解放大西南的作战。11月14日，毛人凤下达了对白公馆、渣滓洞实行大屠杀的命令。11月27日，特务对关押在白公馆、渣滓洞的革命者进行了血腥屠杀，制造了骇人听闻的11·27大屠杀惨案。

"红色三岩"和歌乐山，是体现红岩精神"不折不挠的凛然斗志"的历史见证。

其一，红岩精神中不折不挠的凛然斗志，是由国统区的特殊环境和建立抗日民族统一战线的特殊任务决定的。

在以周恩来为代表的中共中央南方局领导下，战斗在国统区特殊环境中不同战线的共产党人、革命志士：从南方局的领导人，到各个战线的红岩干部、战士，他们在面临生命威胁时、面对名利诱惑时、面对家国抉择时，舍生取义，以身殉道。他们秉持刚健有为、自强不息的民族精神，在艰难的环境中培育、凝结出"善处逆境，宁难不苟的英雄气概"和"百折不挠、艰苦卓绝的斗争精神"，铸成了共产党人无坚不摧的革命意志，发出了时代的最强音，生动演绎了中国共产党人"不折不挠的凛然斗志"。

皖南事变发生后，中共中央和毛泽东数次发电，要求周恩来等中共中央南方局同志撤回延安。周恩来、董必武、叶剑英等商量后决定虽面对生命危险仍坚守重庆，极力挽救和维护统一战线。

八路军驻重庆办事处全体工作人员向中共中央保证："无论在任何恶劣的情况下，我们仍以不屈不挠的精神，坚守我们的岗位，为党的任务奋斗到最后一口气。"他们正是用这种斗争精神，胜利完成了争取抗战胜利和为新中国奠定政治基础的时代使命。

面对国民党反共妥协、假和平真内战、专制独裁等一系列破坏抗日民族统一战线的卑劣行径，中共中央南方局坚守原则底线，始终保持革命的灵活性。一方面，中共中央南方局在险恶的政治环境下与国民党反动派展开了有理、有利、有节的斗争，创造性地贯彻、坚决地维护党的统一战线路线、方针、政策。另一方面，中共中央南方局保持了革命的灵活性，面对国民党顽固派妥协、分裂和倒退等行径，中共中央南方局通过各种方式发动国民党统治区各阶层民众，广泛地同驻渝的外国使领馆和新闻机构建立联系，通过国际反法西斯国家和世界进步舆论，谴责国民党顽固派对敌妥协对内分裂的倒行逆施。以斗争之手，求团结之果，终于一次次地挽救了危局，避免了两党关系的破裂，维系了抗日民族统一战线的大局。

抗战后期，国民党一方面许诺在战争结束后实行宪政，一方面坚持独裁统治。为推动国家实现民主，南方局在中共中央的领导下，高举民主和进步的旗帜，与各民主党派肝胆相照，安危与共，同国民党一党专政和个人独裁作斗争，提出了建立民主联合政府的建议和要求，为未来新政权的建设勾画了最初的方向和蓝图。

1944年8月17日，毛泽东要求董必武与张澜、左舜生等民主党派代表人物商谈组织各党派联合政府的可能性问题。1944年9月5日至18日，林伯渠在国民党参政会三届三次会议上作《关于国共谈判的报告》，提出成立"民主联合政府"的主张，公开提出了"组织各抗日党派联合政府"的主张。随即"民主联合政府"主张得到中间党派人士的广泛认同和拥护。

周恩来领导中共中央南方局推动国统区的爱国民主运动朝着建立联合政府的政治目标发展，有力地推动了党的政治主张在全国的宣传和影响。毛泽东、周恩来、董必武等与民主人士共聚于"民主之家"特园，郭沫若赋诗赞誉"以国为家家为国，家集人民之战友"，中国共产党与民主党派初步形成了风雨同舟、肝胆相照的亲密关系，共同为民主革命贡献力量。

其二，红岩精神中不折不挠的凛然斗志，集中体现为毛泽东不顾个人安危亲赴重庆谈判的"弥天大勇"。

"弥天大勇诚能格，遍地劳民战尚休。"

这是1945年柳亚子得知毛泽东抵达重庆后，赶来桂园探望，一见面就赠予的诗。

1945年，抗日战争取得最后的胜利，全国人民要求和平、反对内战的呼声日益高涨。中国共产党以解放全国人民，建立一个新民主主义的中国作为奋斗目标。蒋介石虽然打内战的决心已定，但他还需要调兵遣将，争取时间。为此，他在不到一个月的时间里，三次致电毛泽东，邀请毛泽东速到重庆"共定大计"。

蒋介石这三封电报，明眼人一看都知道，是其摆下了一场鸿门宴。如果毛泽东拒绝，就给共产党安上拒绝谈判、蓄意内战的罪名，把战争的责任推到共产党身上；如果毛泽东来了，就迫使共产党交出解放区，交出军队，同时通过谈判争取部署内战的时间。

为了保卫人民利益、争取和平、避免内战，也为了争取和平民主建国，毛泽东毅然决定赴重庆与国民党谈判。

1945年8月28日，毛泽东偕同周恩来、王若飞，在国民党代表张治中和美国驻华大使赫尔利的陪同下，从延安出发，于当日下午3时45分飞抵重庆九龙坡机场。头戴灰色拿破仑帽、身着中山装的毛泽东第一个走出机舱，并向在场的人们挥手致意。

从1945年8月29日至10月10日，经过43天谈判，国共双方达成《政府与中共代表会谈纪要》，即"双十协定"。在重庆谈判中，毛泽东、中共中央代表团坚持原则的坚定性与策略的灵活性，努力争取和把握斗争的主动权，迫使蒋介石接受和平民主建国方针。经过谈判，国民党承认了和平团结的方针，同时，国共双方同意：召开有各党派代表和社会贤达出席、讨论和平建国方案的政治协商会议。

毛泽东不顾个人安危，亲赴重庆，这是中国共产党坚守初心、勇担使命的英雄壮举。这是一件轰动国内外的大事，使许多人真正认清了中国共产党谋求和平的真诚愿望，国内外进步舆论对他的到来给予热烈称赞。

如今，坐落于渝中区中山四路107号的桂园，是毛泽东与周恩来白天办公会客之地，它也见证了著名的《双十协定》签署。

重庆谈判是中国共产党和平发展道路与"和平、民主、团结"方针的胜利，为中国共产党争取了民心，赢得了政治上的主动权，对战后中国乃至世界的政治走向和政治格局产生了深远的影响。

毛泽东在重庆谈判期间广泛接触各民主党派和各界爱国民主人士，开展了多层次的统战工作；会见了各界人士达一百多人，赢得了各民主党派、社会贤达，甚至是国民党开明人士的支持；宣传党关于和平、民主、团结的方针，进一步扩大了党的统一战线。此举把人民民主统一战线推向空前的高度和广度，为重庆谈判取得成果奠定了基础。

红岩联线收藏了一本由时任国民政府宪兵司令部司令张镇派人记录的《参政员毛泽东在渝市之动态》，详细地记录了毛泽东每天在渝的详细行程，可以清楚地看到毛泽东、周恩来、王若飞等在重庆谈判期间极为繁忙，经常工作到深夜甚至第二天凌晨。

① 马奇柯、徐康：《论红岩精神中的家国情怀》，《学校党建与思想教育》2021年第11期，第37—40页。

重庆谈判和政治协商会议召开后，南方局又根据中共中央方针发动和领导了国民党统治区的和平民主运动，与民主党派和无党派民主人士合作，进一步发展了人民民主统一战线，为在国民党统治区形成第二条战线奠定了基础。①

其三，歌乐山英烈的壮举，更是红岩精神"不折不挠的凛然斗志"的生动演绎。

全面内战爆发后，为了人民的解放，为了建立一个崭新的中国，国统区的共产党人，尤其是被关押在渣滓洞、白公馆监狱中的共产党人，面对诱惑和酷刑，面对牺牲，坚持与敌人斗争到底，生动展现了中国共产党人的革命斗争精神。

重庆解放前夕英勇牺牲的红岩英烈，用鲜血凝结成的

"狱中八条"感人至深。

一是防止领导成员腐化。

二是加强党内教育和实际斗争的锻炼。

三是不要理想主义，对上级也不要迷信。

四是注意路线问题，不要从右跳到左。

五是切勿轻视敌人。

六是重视党员特别是领导干部的经济、恋爱和生活作风问题。

七是严格进行整党整风。

八是惩办叛徒、特务。

每一条都是历史的经验与教训的总结，都是"不折不挠的凛然斗志"的体现，在今天推进党的建设的伟大工程中仍然具有重要的借鉴与参考价值。

还有——

"用歌声作为鼓舞战友同敌人斗争的武器"的何功伟感人至深（见拓展阅读）。

叶挺将军的《囚歌》："我只能期待着，那一天——地下的火冲腾，把这活棺材和我一齐烧掉，我应该在烈火和热血中得到永生。"

车耀先的遗诗："故国山河壮，群情尽望春。'英雄'夸统一，后笑是何人？"

《挺进报》特别支部书记陈然提笔写下《我的"自白"书》："人，不能低下高贵的头，只有怕死鬼才乞求'自由'；毒刑拷打算得了什么？死亡也无法叫我开口！对着死亡我放声大笑，魔鬼的宫殿在笑声中动摇；这就是我——一个共产党员的'自白'，高唱凯歌埋葬蒋家王朝！"

"江姐"江竹筠留下《红色遗书》："我们有必胜和必活的信心，自入狱日起，我就下了两年坐牢的决心，……我们在牢里也不白坐，我们一直是不断的在学习……我们到底还是虎口里的人，生死未定……假若不幸的话，云儿就送给你了，盼教以踏着父母之足迹，以建设新中国为志，为共产主义革命事业奋斗到底。"

中共万县县委书记、共产党员李青林被敌人折断了腿骨，始终未向敌人吐露半点党的秘密，一直顽强地坚持同敌人斗争。

还有很多歌乐山的烈士，他们甚至没有留下只言片语，但他们在血与火的斗争中以身殉国、舍生忘死，面对屠刀不畏惧、面对诱惑不投降、面对艰苦不放弃，用热血和生命诠释了什么才是真正的凛然斗志。

歌乐山烈士只是众多革命烈士的一部分。

辛亥革命以来，确系为革命及抗日而阵亡和死难的人员，称为革命烈士。据新中国成立之初的普查，从中国共产党成立的时候算起，全国为革命牺牲的共产党员和革命仁人志士共有2100万人。这是中国共产党人和仁人志士为夺取红色政权所付出的巨大牺牲。据民政部统计资料：我国国内目前有烈士墓98.9万余座，烈士纪念堂馆、碑亭、塔祠、塑像、骨灰堂等纪念设施2.9万余处。其中，散葬的烈士墓83万多座，零散烈士纪念设施约1.9万处。90多万座烈士墓中，无名烈士墓为29万多座，安葬了78万余位无名烈士。烈士中大多数为无名烈士，有姓名可考、已列入各级政府编纂的烈士英名录中的仅有180万人左右。（相关数字，源自《2000万，每一个数字都是鲜活的生命！我们从未忘记》一文，2018年4月5日

《人民日报》)

1942年，毛泽东同志发出号召："成千成万的先烈，为着人民的利益，在我们的前头英勇地牺牲了，让我们高举起他们的旗帜，踏着他们的血迹前进吧！"

三、把"不屈不挠的凛然斗志"转化为育人资源

斗争精神、斗争本领不是与生俱来的，它很难在课堂中、书本上直截了当地学到。青年学生一定要从年轻时就经历完整且严格的思想淬炼、政治历练、实践锻炼，才能够熟悉斗争的过程，把握斗争经验与原理，逐渐成为一名在矛盾复杂、形势复杂的情况下，有胆魄、有意志、有才干的人。尤其是要在严峻复杂的斗争中经风雨、见世面、壮筋骨，百炼成钢。

2021年7月1日，习近平总书记在庆祝中国共产党成立100周年大会上深情寄语广大青年，要更好地磨炼意志，养成大无畏的精神和英雄气概，成长为堪当民族复兴重任的时代新人，在接续奋斗中演奏出最为壮丽的青春之歌。

1.加强正确的英雄观培育，成就新时代青年英雄梦

一个有希望的民族不能没有英雄，一个有前途的国家不能没有先锋。中华民族是崇尚英雄、成就英雄、英雄辈出的民族。英雄们的艰苦奋斗、无私奉献，谱写了一曲又一曲气吞山河的英雄壮歌。

2019年9月29日，习近平总书记在国家勋章和国家荣誉称号颁授仪式上指出："崇尚英雄才会产生英雄，争做英雄才会英雄辈出。"实现中华民族伟大复兴的目标，需要英雄，需要英雄精神。新时代青年大学生要涵养英雄精神，要坚持以英雄气概、英雄精神作为自身的观念，要成长为引领时代的

青年英雄，才能更好地肩负起实现中国梦的重任。

新时代的青年大学生基本都是在改革开放后成长起来的一代，普遍生活在物质丰盈、生活舒适、关怀备至的环境中，他们思维活跃、开放，易于接受新事物，对国家政治、社会时政关注和参与热情较高，但由于极少经历大的苦难和波折，社会经历较少，心理承受能力相对较弱。在网络或者新闻报刊中，我们会不时听到、看到：一些大学生因学业或人际关系问题，尤其是个人情感问题而陷入困境，最后做出一些非理智的举动，令人惋惜和难过。有个别同学在进入大学后，面对与之前学习、生活环境、方式的较大差异，逐渐迷失自我、放纵自我。他们没有目标，甚至消极厌世。有的同学沉溺于游戏和网络。不认真听课，甚至不听课。还有的同学不愿吃苦、享乐至上、相互攀比、盲目高消费。以上这些问题，不论是对青年大学生个人的成长成才，还是对国家、民族未来的发展，都是有很大危害的。

如何增强青年大学生的心理厚度，提高抗挫能力，使其乐观、勇敢地应对生活中出现的各种突发事件，无畏地实现自己的人生理想呢？

培养正确的英雄观，是其中的一个重要途径。

学习英雄的精神，高扬英雄的旗帜，激起奋斗的欲望，发扬斗争的精神，像英雄一样不畏风雨，敢于战斗，方能谱写出属于自己的新时代青春凯歌。红岩志士，他们身上体现出的"不折不挠的凛然斗志"确实值得学习。他们的一言一行，他们的人生选择，他们的理想信念，为我们生动地诠释了什么是凛然，什么是斗志，什么是舍生取义，什么是国之脊梁。面对人生的困难、挫折时，要永不言弃、永不服输，这才是新时代青年应有的精神风貌和价值追求！新时代青年理应将这种英雄情怀积极、主动地注入自己的血脉中。唯有如此，才能肩负起时代的使命和担当，才能在广阔的神州大地上放飞青春梦想，争做优秀的时代答卷人，助力中国梦的实现。

2.练就斗争本领，才能实现远大抱负，担负起历史重任

习近平总书记在党的二十大报告中强调，坚持发扬斗争精神。增强全党全国各族人民的志气、骨气、底气，不信邪、不怕鬼、不怕压，知难而进、迎难而上，统筹发展和安全，全力战胜前进道路上各种困难和挑战，依靠顽强斗争打开事业发展新天地。

青年一代要在学习、生活的实践中不断磨砺斗争精神，增强斗争本领，敢于担当，积极作为。要主动投身到各种斗争中去，在大是大非面前敢于亮剑，在矛盾冲突面前敢于迎难而上，在危机困难面前敢于挺身而出。要在歪风邪气面前敢于坚决斗争，在成长过程中展现"敢于斗争、善于斗争""敢于斗争、敢于胜利"的良好风貌。

青年兴，则国家兴；青年强，则国家强。继往开来，中国特色社会主义已经进入了新时代，在向着全面建成社会主义现代化强国的第二个百年奋斗目标迈进的伟大征程中，更需要青年一代勇于斗争，敢于斗争，成为像红岩志士那样的具有浩然革命正气的青年人。

3.发扬新时代斗争精神，为实现中华民族伟大复兴的中国梦而奋斗

"天行健，君子以自强不息。地势坤，君子以厚德载物。"

斗争精神是中华民族自强不息民族精神的重要表现，任何一项正义事业的成功都离不开斗争精神。没有伟大的斗争，就不可能有伟大的历史性成就、历史性变革。斗争精神更是共产党人与生俱来的优良基因，是我们党领导全国人民成立新中国、实行改革开放、推进新时代中国特色社会主义事业的重要法宝。

正如习近平总书记所说：建立中国共产党、成立中华人民共和国、实行改革开放、推进新时代中国特色社会主义事业，都是在斗争中诞生、在斗争中发展、在斗争中壮大的。中国特色社会主义进入新时代，但我们也面临着传统安全和非传统安全领域的国家安全愈加严峻的挑战。就国内形势而言，我国"形势环境变化之快、改革发展稳定任务之重、矛盾风险挑战之多、对我们党治国理政考验之大前所未有"①。

① 《习近平谈治国理政》（第三卷），外文出版社，2020，第537页。

使命呼唤担当，使命引领未来。党的二十大报告多次提及"斗争精神"，不仅将"伟大斗争"放在"伟大工程、伟大事业、伟大梦想"之前，还将"敢于斗争、善于斗争"纳入"三个务必"之中，肯定了"在斗争中维护国家尊严和核心利益"的重大意义，而且将"坚持发扬斗争精神"作为我们党在新时代新征程前进道路上必须牢牢把握的重大原则。

世界正处于百年未有之大变局，新一轮科技革命和产业变革使国际经济、政治、文化格局发生着深刻变化。全球治理体系的不适应、不对称等正给各国带来严峻挑战。作为发展中大国的中国，改革开放和中国社会主义现代化建设正进入深水区，"黑天鹅""灰犀牛"事件层出不穷。面对诸多的不稳定和不确定，当代青年唯有敢于斗争、善于斗争，不断坚定中华民族伟大复兴的信念，才能在前进的道路上无往不胜。

新时代的大学生要承担起党和人民寄予的重托，要实现中华民族的伟大复兴，就要继承和发扬共产党人的斗争精神，在斗争历练中提升斗争能力，放射出夺目的青春光芒。

如何教育引导青年大学生克服这些负面影响、不良风气，是当下教育领域面临的一个严峻挑战和必须完成的艰巨任务。要教育引导青年大学生汲取包括红岩精神在内的共产党人斗争精神的丰富养料，培养、增强自己的斗争品格、斗争能力，在"恰同学少年，风华正茂"的年纪，步履不停、不断奋进，不辜负时代的托付与期待。

一个有充沛顽强斗争精神的人，遇"事"不会躲，遇"难"不会惧，遇"责"不会推，敢于挑战各种风险。不管风吹浪打，乱云飞渡，我自从容，始终保持永不懈怠的状态和一往无前的奋斗姿态。青年大学生继承、发扬红岩精神"不屈不挠的凛然斗志"，在风雨中壮筋骨，长才干，在知行合一中勇担当，善作为，凝聚起青春搏击的力量。

中国青年是实现中华民族伟大复兴的先锋力量。在实现中华民族伟大复兴的征程上，必然会遇到艰难险阻，必然会有惊涛骇浪，有了临危不惧的英雄气概和不折不挠的凛然斗志，就一定能无往而不胜，不辜负党和人民的希望和重托，从胜利走向胜利。

拓展阅读7　周恩来："谈判耗去了我现有生命的五分之一"

1946年，周恩来离开重庆前夕在与文化界朋友告别的茶话会上，曾很动情地说："差不多十年了，我一直为团结商谈而奔走渝延之间，谈判耗去了我现有生命的五分之一。"其实，十年来，周恩来先后和贺衷寒、康泽、张冲、陈立夫、刘健群、何应钦、白崇禧、刘斐、张治中、邵力子、王世杰、宋子文、蒋介石等人都谈判过，其次数很难准确统计。

周恩来在重庆期间工作照片
（图片来源：中国共产党新闻网）

在主持中共中央南方局工作的八年期间，面对一波接着一波的反共高潮，周恩来在谈判桌上一次又一次与对方周旋，最终挽回了国共合作的大局。1939年6月11日和12日，周恩来就国民党军队包围、袭击和杀害八路军、新四军将士的河北冲突和平江惨案立即与蒋介石谈判；6月16日，周恩来与叶剑英再度与蒋介石商谈解决陕甘宁边区问题；1940年6月到9月，周恩来、叶剑英就划分八路军、新四军的作战区域问题，同国民党方面何应钦、白崇禧、陈立夫、张治中进行了为期三个月的谈判；1941年，"皖南事变"前后，周恩来就新四军的北移、路线、时间、粮饷、弹药等问题和中共中央提出的12条善后办法，多次与蒋介石、刘为章、张冲等人谈判；"皖南事变"后，蒋介石、国民党鉴于中外舆论的压力，于3月主动约请周恩来谈判，使濒临破裂的国共关系又出现了转机。周恩来、林彪代表中共中央与国民党谈判代表，从1942年10月到1943年6月，又进行了历时近一年的艰苦谈判。

1945年8月，蒋介石三次电邀毛泽东赴渝谈判，毛泽东以无产阶级革命家的胆量和气魄慨然赴渝。重庆谈判于8月29日开始，历时43天，到10月10日最后签订《政府与中共代表会谈纪要》。毛泽东与蒋介石以讨论原则性议题为主，周恩来、王若飞主要负责具体事宜谈判。周恩来在谈判中多次声明，中共承认和拥护孙中山先生的三民主义，承认蒋介石在全国的领导地位，承认国民党为第一大党，承认国民党政府军令政令统一之原则。但是反过来，中共要求国民党也应该承认中共领导的人民军队和解放区，承认国共两党都拥有武装且有十八年的斗争历史这一客观事实。他认为，相互间的承认很重要。谈判期间，周恩来亲自草拟《政府与中共代表会谈纪要》（即"双十协定"）初稿，经过43天10余次交锋，终于达成"双十协定"，使中国共产党在政治上赢得了极大的主动，也赢得了人心。作为中国共产党方面的主谈代表，周恩来在此次谈判中所起的作用是巨大的。"无论斗争环境怎样恶劣，武装力量对比怎样对谈判不利，政治的变化怎样使谈判莫测，也无论谈判对手怎样奸诈和所谈问题怎样棘手，凡是周恩来所进行的谈判却无一败绩。"[1]周恩来作为重庆谈判中共方面的主谈人，他"根据我党的既定方针和毛泽东的有关指示，同国民党代表进行了有理、有利、有节的斗争，常常驳得对方哑口无言，而他那巧妙的雄辩才能，更得到人们的敬佩，连那些刁顽的国民党代表也敬慕三分"[2]。

[1] 石仲泉：《周恩来的卓越奉献》，中共中央党校出版社，1993，第179页。

[2] 吕荣斌：《毛泽东保卫参谋周恩来随从副官的回忆录》，红旗出版社，1998，第372页。

拓展阅读8　叶剑英:"只身赴参谋长会议,
舌战群儒"

叶剑英(1897—1986),原名叶宜伟,字沧白,广东梅县人,1927年加入中国共产党。抗战爆发后,他先后到南京、武汉、长沙、重庆等地参加党的领导工作,坚持党的抗日主张和统一战线政策,积极扩大党的影响。抗战胜利后,他协助周恩来同国民党谈判,达成停止内战的协议。抗战期间,在南方局同国民党的斗争中,叶剑英只身赴参谋长会议的一幕十分精彩,他舌战群儒,有力地揭露和驳斥了国民党顽固派的阴谋,英雄本色显露无遗。

1940年,中共中央南方局常委叶剑英(右)在重庆良庄看望沈钧儒(左)时留影(图片来源:红岩联线文化发展管理)

1940年3月初,八路军参谋长叶剑英接到了国民政府军事委员会召开军以上参谋长会议的通知。会议一开始,在国民党顽固派的操纵下,会议变成了指责八路军罪行的声讨会。蒋介石训示道:"诸位,你们都是参谋长,去冬以来,攻势作战真是一塌糊涂，让敌人笑话！今天开会的唯一宗旨就是检讨。我历来讲，统一军令，严肃军纪，方能克敌制胜。然而，有人公然不听军令，划地称王，拥兵自重，游而不击，摩擦不断……不是袭击友军，就是包庇叛军，此种破坏抗战的行为，能不检讨，能不严惩吗？"紧接着，天水行营参谋处处长盛文立即起身发言，说第二战区之所以没有完成冬季作战的任务，是因为山西新军叛变，十八集团军公开掩护叛军，袭击友军，不让友军与民众接近，因此作战困难；冀察战区没有完成作战任务，也是因为十八集团军屡次袭击鹿钟麟、石友三等部，给日军以"扫荡"的机会。随后，按预定计划，第二、第八等战区及集团军的参谋长楚溪春、黄百韬等国民党将领也开始连珠炮似的对十八集团军进行大肆攻击诽谤，并罗列了袭击友军、破坏政权、强征粮食、滥发钞票等所谓的"罪名"。

不难看出，这个例行会议的目的昭然若揭，蒋介石的突然发难，就是利用车轮战的战术往中国共产党和八路军身上泼脏水，打八路军措手不及。会议在这种反共叫嚣中接连开了两天，叶剑英一直不动声色，原来他已经针对这两天的发言，给会议准备好了一份"惊奇"。

第三天，也就是1940年3月8日，叶剑英身着黄呢军服，佩戴中将领章，缓缓地站了起来，"现在我来说说我的观点"，看到他要发言，整个会场都安静下来。"说到去冬作战攻势，接到统帅部命令时，正值敌军对晋察冀军区进行大扫荡。在进行反扫荡同时，我军仍紧急抽调15万兵力完成了统帅部分配的任务。战果如何？军委会印过一份战报分发给各部队，诸位想必已看到：正是我军在去冬涞源之役中，击毙了日寇

'名将之花'阿部规秀中将！这里，我不妨念一段日本共同社报道，请大家注意他们是怎样措辞的。共同社说：日军将士莫不切齿痛恨，立誓尽歼共军，以飨阿部中将之英灵。请听，他们是'切齿痛恨'！'立誓尽歼共军'啊！"[1]叶剑英的愤慨引起了极大共鸣，所谓"拥兵自重""游而不击"的谣言不攻自破。

① 周勇：《红岩精神研究》，中共党史出版社，2009，第141-142页。

紧接着，叶剑英话锋一转："委员长讲话提到'摩擦不断'，这是事实，军中确实有人热心搞摩擦，但指责我十八集团军搞摩擦则是颠倒黑白，混淆视听，必须加以澄清，以明是非，以清责任。摩擦只是一个现象，实质是某些人把我们十八集团军和许多抗日武装视为'异军'，视为眼中钉，必欲除之而后快……大敌当前，必须以大局为重，无论谁干那种亲者痛仇者快的事，都不应得到宽容。我们十分拥护委座严肃军纪，彻查此事，对制造摩擦者不能姑息迁就。如张荫梧部完全不顾民族大义，公然勾结日伪进攻我十八集团军，就是是可忍孰不可忍！"[2]听到叶剑英发言，蒋介石的脸色大变，想以会前曾规定每个战区集团军参谋长发言不超过30分钟的理由来阻挠叶剑英的发言。

② 周勇：《红岩精神研究》，中共党史出版社，2009，第142页。

"委座，我还没有讲完！"紧接着，叶剑英就正确解决摩擦问题从政治和战略上提出四个原则：一是摩擦问题的目的应是求得以正确的方法消除摩擦，而不是扩大摩擦；二是解决摩擦问题时不应仅仅从武装冲突这个角度看待，而应充分考虑到产生这种现象的政治、战略原因；三是把十八集团军当作异军看待，这是许多摩擦产生的根源；四是抗战中民族矛盾是第一位的大问题，摩擦则是从属的，决不能有意把局部摩擦扩大为全面内战。①

叶剑英面对突如其来的刁难，面对国民党故意制造的内部种种冲突，拍案而起、正面回击、反客为主，在维护国共合作大局的前提下秉持求同存异、相忍为国，得到了民族进步人士的全力支持。正如董必武所言："古有诸葛孔明只身赴东吴，舌战群儒，流芳千古；今有叶剑英只身赴参谋长会议，舌战群儒，可谓异曲同工，英雄本色。"②

① 《叶剑英：舌战群儒展风采》，中国共产党新闻网，访问日期：2023年9月19日。

② 周勇：《红岩精神研究》，中共党史出版社，2009，第142页。

05

用『坚贞不屈的浩然正气』育人

"坚贞不屈的浩然正气"是在国民党统治区特定的环境中，以周恩来等为代表的中共中央南方局共产党人崇高思想境界、坚定理想信念的精神外化，它不仅是红岩精神又一重要本质属性，也是中国共产党革命精神中带有共性的重要本质的外在表现之一。它不仅体现在中共中央南方局共产党人日常的一言一行中，更展现在面对生活的困难、物质的诱惑、生命的威胁、死亡的考验等重要时刻的选择。可以说它是共产党人高尚思想境界、坚定理想信念、完善人格素质的试金石。

一、什么是浩然正气

中华优秀传统文化一直推崇浩然之气。

千年前，中国的大地上出现过一场著名的师生对话。学生公孙丑问老师孟子："老师，请问您擅长的是什么呢?"孟子回答说："我擅长培养我的浩然正气。"公孙丑又继续追问："老师，那究竟什么是浩然正气呢?"孟子耐心回答道，这个比较难描述，"其为气也，至大至刚，以直养而无害，则塞于天地之间"。

这一番对话中，孟子提倡的"浩然正气"，用今天的话讲，就是一种刚强、正直、无畏的精神气质，是一种顶天立地的人格和节操，更是一种磅礴天地的精神力量。人涵养了这种"气"，能不畏奸邪、不畏艰险，能担使命、能负重任。这一概念得到后世的认可和歌颂，有志之士都在追求、涵养浩然正气，并且把它作为人格修养的一种至高境界，甚至可以说浩然正气塑造了我们中华民族的重要性格。中华民族是一个善于滋养浩然正气的伟大民族。

游历历史星河，翻阅浩瀚典籍，会发现我们民族有太多具有浩然正气的英雄、精英被记录，芳名远播，传唱千古。春秋时期，齐国负责记载国家大事的太史兄弟三人，因秉笔直书国相崔杼弑君、独揽大权，被崔杼先后残忍杀害。而最小的兄弟看着三位哥哥相继倒在血泊中，仍然毫不犹豫地继续写下"崔杼弑其君"几个大字。以至于国相崔杼最后被他们一身的浩然正气震慑，不敢再萌生杀念，无可奈何只得留下自己弑君的千古骂名。三国时期，名士诸葛亮心怀"兴复汉室"的信念，辅佐西汉中山靖王刘胜之后刘备，联合吴国抗击魏国，拿下荆州、益州，建立蜀汉政权，实现"三分天下而居其一"的目标。后来为完成统一大业，数次亲率大军展开大规模北伐军事活动，用行动践行他"鞠躬尽瘁，死而后已"的诺言。这一诺言既是诸葛亮的人生追求，也是诸葛亮一腔的浩然正气。南宋时期，民族英雄文天祥面对国家破亡，面对敌人的威逼利诱，拒绝降元，宁死不屈，写下"人生自古谁无死，留取丹心照汗青"的千古绝唱。文天祥在《正气歌》中，把"在齐太史简，在晋董狐笔，在秦张良椎，在汉苏武节"作为天地间正气的表现，进行热烈讴歌。面对清政府的腐朽统治，"斩尽妖魔百鬼藏，澄清天下本天职"的巾帼英雄秋瑾冲破封建束缚，毅然投身革命，在江浙地区发动了反清斗争。1907年，因起义失败被逮捕，在严刑折磨下，秋瑾坚贞不屈，怒斥清政府的腐朽无能、祸国殃民。行刑前，监斩官问秋瑾还有什么话要说，秋瑾怒目而视，猛吼"你们可以砍我的头，不能夺我的志"，从容就义于绍兴轩亭口。在场的满清大吏无不被这种凛然正气震撼，甚至胆寒。

中国民主革命的伟大先驱孙中山先生，胸怀浩然革命正气，立志救国救民，最终历经千难万险，成功领导辛亥革命，推翻了满清王朝的腐朽统治，建立起亚洲第一个资产阶级共和政府。后来，他领导、参加讨袁斗争、护法战争，战斗到生命的最后一刻。临终留下"革命尚未成功，诸同志仍须努力""爱国奋斗救中国"的遗言，体现了他不屈不挠的革命气节和战斗不止的革命精神。

在浩浩荡荡的历史洪流中，在千年的历史苍穹中，中国无数的先贤、仁人志士在国家安危、民族兴亡之际，表现出一种舍生忘死、杀身成仁的英雄气概和浩然正气，一种天地间的刚强之气、德义之气。这种延绵不绝的正气，正是中国共产党人所表现出的革命正气的历史文化根源。

中国最早的马克思主义传播者，中国共产党的主要创始人之一李大钊同志就具备这种"气"。李大钊一生追求真理，传播真理，最后为了真理牺牲。即便在刑场，他都慷慨演说："不能因为你们今天绞死了我，就绞死了伟大的共产主义，我深信共产主义在世界、在中国，必然要得到光荣的胜利。"他用自身涵养的革命浩然正气捍卫他的理想和追求，更是感染了无数优秀的进步青年追随他的革命事业。

1937年，中共中央直接领导创办了一所大学——陕北公学。毛主席为陕北公学成立题词时说："要造就一大批人，这些人是革命的先锋队。……这些人充满着斗争精神和牺牲精神。……这些人不怕困难，在困难面前总是坚定的，勇敢向前的。……中国要有一大群这样的先锋分子，中国革命的任务就能够顺利的解决。"陕北公学办学仅四年，为革命培养了近万名干部，成为党在各条战线的中坚和骨干，为抗日战争、解放战争，以及新中国的建设、发展作出重大贡献。

二、红岩精神本质属性：坚贞不屈的浩然正气

抗日战争时期，以周恩来等为代表的中共中央南方局领导集体在风雨如磐的斗争岁月中，培育了蕴含着"坚贞不屈的浩然正气"的伟大的红岩精神。

中共中央南方局的共产党人无不追求浩然的革命正气，也无不被浩然的革命正气所滋养。他们在危难面前英勇斗争，在淤泥潭中保持"清白"，在物欲横流的染缸中永葆清廉。最终，为抗日战争和解放战争的胜利作出了卓越贡献，功绩彪炳史册。

坚贞不屈的浩然正气集中体现在两个方面，具有两个方面的鲜明特征。

1.善处逆境，宁难不苟的英雄气概

"苟利国家生死以，岂因祸福避趋之。"

抗战时期和解放战争初期，以周恩来为代表的中共中央南方局共产党人以身示范，向我们展示了什么是真正的"善处逆境，宁难不苟"的英雄气概。

1941年1月11，中共中央南方局在化龙桥虎头岩的《新

华日报》馆内举行庆祝《新华日报》创刊3周年的纪念晚会。周恩来正在台上作报告时，突然有人跑入会场，将一份纸质材料交给周恩来。来人是中共中央南方局的机要秘书，纸质材料是一份特急电报。现场所有人带着极其疑惑的神情看着周恩来，都在猜测到底出了什么大事。因为他们看到周恩来表情极其严肃。前排的人似乎还看见周恩来的手颤抖了一下。很快，现场的来宾就听到周恩来以一种愤怒且沉重的心情宣布，新四军在皖南遭到国民党顽固派的进攻，叶军长被俘了，项英、袁国平两同志下落不明，局势万分危急……

恰在此时，馆内的电灯全部熄灭，会场一片黑暗。结合刚才宣布的消息，人们联想到这很有可能是国民党搞突袭的信号，顿时紧张起来，会场弥漫一种人人自危的气氛。就在这黑暗之中，在这紧绷的情绪中，一个坚定而响亮、蕴含着巨大力量的声音从主席台传来，是周恩来。他说："同志们，黑暗是暂且的，光明一定会到来！有革命斗争经验的人，都懂得怎样在黑暗和光明中奋斗，不但遇到光明不骄傲，更主要的是遇到黑暗不灰心丧气。只要大家坚定信念，不畏艰险向前奋斗，并在黑暗中展现英勇卓绝的战斗精神，胜利是一定要到来的，黑暗是必然要被冲破的！"会场顿时安静了下来，人们的心也跟着沉静下来。

后来，据红岩老战士、原南方局经济组组长许涤新回忆，在皖南事变发生后，周恩来无论在大会上，还是在小会上，以至在个别谈话中，总是不失时机地以先烈们坚贞不屈、壮烈牺牲的可歌可泣的事迹对他们进行气节教育。许涤新回忆，"他向我们谈李大钊烈士的崇高品质和优良的工作作风；他还为我们谈陈延年、赵世炎、罗亦农、蔡和森、向警予、彭湃、杨开慧及杨匏安等同志的光辉事迹"。在那个特殊的时代，在艰难的处境中，周恩来如雾都浓雾中的一盏明灯，用自己的言行一次又一次照亮了大家前行的道路。他身上体现出的那种善处逆境、不怕牺牲的英雄气概，昂扬乐观的革命精神，鼓励了、坚定了同志们不惧牺牲、勠力同心的决心和勇气，帮助大家培育起浩然的革命正气。

周恩来在《新华日报》上为揭露皖南事变题词手迹
（中共党史研究室科研部 中共重庆市委党史研究室 重庆红岩革命纪念
　馆编：《中共中央南方局历史图集》，重庆：重庆出版社，2004，第32
　页。）

　　辛亥元老廖仲恺之子，南方局委员、八路军驻香港办事处主任廖承志，1942年5月30日，因为被叛徒出卖，在广东被国民党特务逮捕，被囚禁在江西泰和马家洲集中营。马家洲集中营是国民党的特务机关，是专门关押共产党员和进步人士的秘密监狱，对外称"江西省青年留训所"。廖承志被关押在重禁闭室。这种监号专门关押案情重大又拒不交代的人士，长年见不到阳光，阴森黑暗，警察日夜巡视，与一般监号隔绝。在这样的环境中，廖承志坚守气节，与国民党反动派坚持斗争了近3年时间。

面对国民党特务搞的"疲劳审讯""突击审讯"，以及威逼利诱，廖承志丝毫不动摇，不是冷笑置之，就是破口大骂。有一次，国民党江西省党部的人和廖承志大谈"三民主义"，让他和共产党脱离关系，尽力帮国民政府做事。廖承志对此哈哈大笑，讥讽道："三民主义，我在东京时就听到孙中山先生和我父亲（廖仲恺）谈过很多，那时各位还在襁褓之中，今天何必对我上这种政治课。"搞得这些委员灰溜溜地走了。

根据当时在集中营做管理政治犯工作的艾新友回忆，廖承志在集中营每日除看书、赋诗、绘画外，有时还用外语高唱《国际歌》。1943年，廖承志还组织了马家洲集中营共产主义小组。特别是他在狱中所作的四幅漫画，充满了辛辣讽刺的意味，更表现出了一位共产党员的战斗精神。比如，其中一幅画，描绘了一个胖胖的男子坐在破木桶上方便，全然不顾裸露着的屁股被硕大的蚊子疯狂"攻击"，而男子则是悠闲地托腮思考。这名胖胖的男子毫无疑问就是廖承志本人。

廖承志狱中漫画

难以想象，在这令人毛骨悚然的秘密监狱里，廖承志如此坦然，无所畏惧，完全置生死于度外。1945年1月，廖承志又被押解到重庆，单独囚禁在离白公馆不远处的黄家院子秘密囚室，院外由交警巡察总队两个排的兵力看守。在狱中，廖承志依然横眉冷对，举笔作画，打发狱中时光。后来，蒋介石亲自到歌乐山劝降廖承志。蒋介石先是问廖承志身体状况如何等客套话，被廖承志反问得无言以对。接着便厉声呵斥廖承志："你这样做能对得起你父亲吗？"廖承志铿锵有力地回答："我这样做才真正对得起我父亲！"最后，蒋介石的劝降以失败告终。就这样，廖承志继续被关押，直到抗战胜利后的1946年，在中共的一再要求和坚持下，国民党才无可奈何地同意释放绝不低头、妥协的廖承志。

2. "出淤泥而不染，同流而不合污"的六月风荷精神

在国统区，陪都重庆的社会环境犹如一个"大染坊"，纸醉金迷、物欲横流、极其奢靡的生活方式具有巨大的渗透和腐蚀功能。中共中央南方局的共产党人时刻面临这样特殊的斗争环境，稍不留神，就会被国民党层出不穷的手段"拉下水"。但特殊的斗争环境也是锻造意志最好的"试金石"，中共中央南方局共产党人始终以共产党员的标准严格要求自己，

坚守理想信念，高扬"出污泥而不染，同流而不合污"的"六月风荷精神"，面对利诱威逼，展现了宠辱不惊、视死如归的革命气节。

1941年，为了加强国统区隐秘战线工作，周恩来给"红色资本家"卢绪章做工作，要求他服从组织安排继续留在国统区作"资本家"，为组织开公司、办企业。周恩来专门叮嘱他说：在国统区工作，环境险恶，你这个"资本家"可一定要像六月荷花，出污泥而不染。卢绪章牢记周恩来的谆谆教诲，坚定理想信念不动摇，遇到突发事件，临危不惧，从容镇定，在同国民党上层打交道的过程中左右逢源，游刃有余。1947年，由卢绪章经营的广大华行银行信贷高达一百多万美元，成为国统区比较有实力、社会信誉良好的企业。（详见拓展阅读）

1943年5月22日，周恩来的政治秘书宋平更是在《新华日报》上发表《同流而不合污》一文，指出：共产党员是人民群众中先进、觉悟的部分，面对纷繁复杂的社会，虽不能自命清高变成孤家寡人，但结交朋友也不能是狐朋狗友，要结交良朋益友。否则，不仅会失掉朋友，而且会失掉一切。换言之，"共产党员原是社会上的好人，在各社会阶层中，应有无数知心朋友"①。

① 宋平：《同流而不合污》，《新华日报》1943年5月22日。

三、如何培养青年大学生坚贞不屈的浩然正气

红岩精神中坚贞不屈的浩然正气，集中体现了共产党人的革命气节、高尚品格和英雄气概。对抵制当下在青年大学生思想中滋生的"享乐主义""佛系""躺平"等消极思想，

激扬青年的青春梦想具有重要的现实意义。

那么究竟该怎样有效地培养起大学生的浩然革命正气呢？

下面以重庆大学、西南大学、四川外国语大学为例，简要回顾重庆高校在培养学生们浩然革命正气方面的努力。

一是推出弘扬正气的文化艺术作品。

重庆大学参与了中国教育电视台和高校联手庆祝建党百年的百集大型节目之《歌乐山下》和《重庆谈判》的策划、拍摄和制作，节目在多个新媒体平台播出，获得好评。学校"红岩精神"视频课入选国家教育部门视频微党课系列，以微视频的形式向社会宣传介绍红岩精神。西南大学编撰了《红岩精神的时代价值》《红岩精神大学生读本》《大学生红岩精神现场教学的探索与实践》《红岩精神与群众路线故事读本》等多种图书，着力展现了红岩精神的丰富内涵、红岩精神的育人价值等，集中体现了红岩精神跨越时空、历久弥新的鲜明特质，引发了红岩精神轰动性传播效应。四川外国语大学教师参与《百年百篇留声复兴之路》党史微视频的录制，其中包含很多红岩英烈的故事，在各大平台浏览量合计3亿人次，实现了现象级传播，在社会各界引发广泛关注，获得了党史研究与新闻传播界的高度认可。重庆其他高校也开展了类似活动。

二是将弘扬正气融入校园文化建设。

重庆大学举办了红岩文化节，在全校范围内掀起学习红岩精神，学习英雄的热潮。该校还与红岩革命历史博物馆联合举办了"红岩精神永放光芒"专题展览，通过观展的方式，让师生感念先烈、传诵故事、传承精神。西南大学以红岩精神+音乐、影视、诗词、遗址、美术等方式解读红岩故事，传播红岩精神。同时还在一些重要的时刻举办各类展演活动，比如"红岩革命故事展演""红岩精神永放光芒"音乐党史展演活动，广大师生通过观看红岩故事，聆听红色音乐，深刻缅怀革命英烈，致敬革命英烈，感受英雄的浩然革命正气，涵育大学生坚定的理想信念，让红岩精神在新时代大学生中入脑、入心、入行。四川外国语大学承办"传承红色基因 争做时代新人"红岩革命故事展演，以鲜活的舞台形式，展示老一辈无产阶级革命家结庐红岩，培育伟大红岩精神的光辉事迹，以及红岩革命烈士的英勇壮举和感人故事。此外，四川外国语大学相关部门、学院举办了形式多样的传承、发扬红岩精神的活动。比如，创建青年党史故事讲演团；举办"红岩精神·永放光芒"英语故事讲演比赛；开展"红岩精神"相关的主题党日活动；参观主题展览活动；等等。这些形式丰富、意义非凡的活动有利于帮助新一代大学生切身体会与感悟"什么是红岩精神""为什么要大力传承和弘扬红岩精神""新时代大学生如何涵养革命浩然正气"，实现了党史学习教育与人才培养的结合。

三是加强馆校合作，搭建包括弘扬正气在内的育人平台。

重庆大学与重庆红岩联线文化发展管理中心签署合作协议，共建红岩精神重庆大学研究中心。西南大学与红岩革命历史博物馆共创国家革命文物协同研究中心，计划打造红色文化资源研究高地、革命文物保护利用高端智库、革命文物阐释传播重要平台、革命文物铸魂育人重要阵地、革命文物人才培养重要基地等。四川外国语大学和重庆红岩联线文化发展管理中心签署合作协议，将共建红岩精神四川外国语大学研究中心，在学科建设、人才培养等方面开展合作，创新人才培养方式，推进思想政治理论课教育与实践的深度融合。重庆高校与红岩历史博物馆的合作，发挥双方在资源、教育和人才方面的优势，搭建起新的研学平台，也拓展了博物馆的社会教育和服务功能。这对于传承和弘扬红岩精神，夯实强有力的育人队伍，构建一盘棋育人格局，筑牢"大思政"育人阵地，实现馆校协同育人的局面，意义重大。

四是搭建线上线下相结合的学习平台，让学生在日常学习中滋长正气。

"00后"大学生是在互联网兴起时代出生的，与互联网在中国几乎是同步成长的。毫无疑问，互联网成为他们信息获取的主要途径，智能手机、电脑已是当代大学生活的必需品。在这一背景下，高校落实立德树人的目标，就应该主动深化互联网思维，抢占互联网这一教育阵地。习近平总书记指出："要牢牢把握舆论主动权和主导权，让互联网成为构筑各民族共有精神家园、铸牢中华民族共同体意识的最大增量。"具体到继承、弘扬共产党人革命浩然正气方面，可以创建宣传革命浩然正气的教育网站，以"短视频+图文"的方式，推送红岩英烈的故事，将党史学习教育从线下搬到"云端"，突破时间和空间的限制，引导青年大学生实现"掌上"学习，教育他们感悟革命烈士的浩然正气，培育铸牢英雄意识。可以开发"共产党人浩然正气"小程序，将红岩英烈相关的党史内容以定向运动、在线互动、问答探秘等沉浸式闯关呈现出来，帮助大学生"从历史的'旁观者'变成'参与者'，与革命先辈进行一场超越时空的对话"。除此之外，还可以通过创建相关的贴吧、公众号、抖音、视频号等形式，增强教育的吸引力，扩大红岩精神教育的覆盖面。互联网学习平台的搭建，以大学生喜闻乐见的方式推动育人工作的有效开展，引导大学生树立英雄情怀。当然，这既是占领思想政治教育新阵地的要求，也是实现教育现代化的需要。

五是打造独具特色的校园红色文化品牌。

众所周知，校园文化是高校育人的重要场域，是思想政治教育的重要载体，潜移默化地影响着每一代大学生的成长。所以，发挥红岩精神在人才培养中的作用，必须考虑将红岩精神中体现的革命浩然正气以实体化形式融入到校园文化建设中，打造一个又一个的校园精品红色文化品牌，进一步拓展红岩精神的宣传空间，增强学生对红岩精神的价值认同。具体来讲，各院系、各机关部门可以根据自身的特点，依托相关的项目，创造独具特色的红岩文化特色品牌，营造全校红岩氛围，感染全校师生。比如外语院系可以发挥优势，组建一支多语种的红岩英烈故事翻译团队，从不同的语言文字中进一步感受英雄气概，传播红岩精神；马克思主义学院可以创建以研究生为主体的"红岩英烈班"，定期举办红岩精神学习报告会、红岩精神专题党课等活动，提高对红岩精神的思想认识，加大红岩精神的宣传教育，强化责任感和使命感，发挥好马院学子继承、弘扬红岩精神的骨干带动作用。机关部门或其他院系可以整合多方资源，做好红岩书屋、红岩学术报告厅等红岩文化阵地建设。策划实施好红岩文化节、红岩读书节等系列红色活动，打造系列永久性的文化品牌。通过以上系列校园红岩精神文化品牌的创建，打造起全方位、立体化的红岩育人的校园文化氛围，做强"三全育人"内容"供给侧"，引导广大学子弘扬正气，无惧挑战，争做英雄的品格，激发广大学子"红心向党、立志报国"的责任和担当。

六是开展形式灵活多样的红岩实践教学活动。

社会实践是全面贯彻党和国家教育方针的重要途径，是高校铸魂育人的必然选择。国家机关、部门相继印发出台的《关于进一步加强高校实践育人工作的若干意见》《关于加强和改进新形势下高校思想政治工作的意见》等重要文件，强调高校积极开展社会实践活动的重要性，把组织学生参加社会实践与组织课堂教学摆在了同等重要的位置。高校各院系也都有实践教学环节的设计。所以，大学生对红岩精神浩然革命正气的认识离不开社会实践活动的开展。通过开展相关实践活动，进一步实现在学中做、做中学，在实践中感受共产党人的英雄气概的目标。具体来看，可以在以下几方面进行思考和筹划。

——重视与基地建设的合作，建立一批稳定的大学生社会实践基地。

任何实践都离不开特定的空间。继承、发扬红岩精神，要加强与红岩精神密切相关的红岩革命历史博物馆、中国民主党派历史陈列馆、重庆中国三峡博物馆等文博单位合作，开展相关的主题活动。比如合作举办展览、设立相关的科研项目、学生担任志愿讲解员等等。这也是实现高校人才培育和社会服务工作的良好结合。

——重视学生社团的建设，引导学生组建红岩英雄社团。

学生社团是开展校园实践活动的重要平台，也是实现思想政治教育的重要载体。中共中央、国务院出台的《关于进一步加强和改进大学生思想政治教育的意见》强调，要发挥学生组织的作用，依托社团等组织形式，开展大学生思想政治教育。《关于加强和改进大学生社团工作的意见》明确指出，"大学生社团是由高校学生依据兴趣爱好自愿组成，按照章程自主开展活动的学生组织"。川外可以利用好"红岩"独特的红色资源，建立"红岩英雄社团"，帮助学生们主动承担传承红色基因，弘扬红岩精神中的浩然革命正气的责任。同学们通过社团这一载体，开展丰富多样的红色教育活动，从中体会抗战时期和解放战争时期，共产党人的高尚品格和不朽精神，更进一步加深对斗争精神、英雄气概、家国情怀的理解，从而树立坚定的信仰，努力成长为党、国家和人民所期盼的有志青年。

涵养浩然革命正气，书写无悔青春。用伟大的红岩精神铸魂育人，"后浪"们只有既身心健康，又练就高超的本领，才能担当时代使命，为实现中华民族伟大复兴的中国梦贡献出自己的智慧和力量。

拓展阅读9：卢绪章："为党赚钱，同流而不合污"

卢绪章（1911—1995），曾用名卢植之，1911年6月出生于浙江宁波鄞县一家经营米行的小商人家庭。他曾长期在隐蔽战线从事党的秘密联络和地下经济工作，是我国对外贸易事业的开拓者和奠基人之一。在长期的斗争过程中，卢绪章洁身自好、廉洁自律，忠于自己的理想信念，体现出淡泊名利、无私奉献的高尚精神。

1940年夏季的一个清晨，两个身影借着黎明前天色的掩护，悄悄离开茂密树木掩映中的红岩村。这两个人正是刚与周恩来结束会面的卢绪章和刘晓。此时，卢绪章心潮澎湃，耳边仿佛还回响着周恩来的叮嘱："卢绪章同志，工作环境是险恶的，你这个'资本家'一定要当得像样，但又要像六月风荷，出污泥而不染，同流而不合污。"

这是卢绪章跟周恩来的第一次会面，也是卢绪章从上海转重庆、正式负责党的地下经济等隐蔽战线工作的转折点。

1939 年中共中央南方局成立后，周恩来决定在上海物色干部到西南大后方建立党的秘密机构，执行党的交通、情报和经济任务。在江苏省委书记刘晓和副书记刘长胜的推荐下，最终选定了卢绪章。彼时，卢绪章在华联同乐会的活动已有被敌特注意的迹象。为了隐蔽，他决定转移至苏南、参加入党介绍人杨浩庐所在的新四军江南抗日义勇军，地下党组织也同意了这个请求。当知晓组织要派遣自己去重庆当"资本家"时，卢绪章的第一反应是仍希望参加新四军。联络人紧接着告诉他，"党组织要将广大华行改作地下党掩护据点，改作党的特殊秘密工作机构，去重庆是直接受周恩来副主席领导"，卢绪章才恍然大悟。他服从安排，于 1940 年 7 月只身赶往重庆。

到重庆后，为开展党的工作，卢绪章一面把重庆等地原有的广大华行改建为党的机构，派人去昆明、贵阳、成都、西安经营西药、医疗器械、运输等业务；一面广交朋友，吸引各方资金，合股建企业、做投资。他牢记周恩来定下的铁的纪律，"对任何人不允许暴露自己的政治身份，包括对自己的父母妻子也不能暴露"，即使面对亲人的怀疑，也守口如瓶。

在重庆的一天晚上，卢绪章让妻子毛梅影帮忙将一批支援八路军前方部队的药品搬上车。望着汽车在黑暗中消失，回到房间后，妻子望着满头大汗的丈夫，迟疑地问："你卖药做生意，为什么非要半夜三更？还要你总经理亲自动手装车，你……你……你莫非是共产党吧！"卢绪章望着妻子涨红的脸，压下心底的冲动，严肃道："八路军抗日出大价钱买我的药，我是中国人，怎么能不卖呢？你千万不要对别人说，说了是很危险的。"毛梅影听他说得斩钉截铁，也就不再追问。1948年下半年，因身份逐渐暴露，卢绪章等人被紧急转到香港。直到这个时候，家人才意识到卢绪章可能从事着一项十分崇高的事业，以前误会了他。长子更是因为自己对父亲的误解，愧疚地向他道歉："爸爸！我错了，我以前错怪你了。"

卢绪章作为"资本家"，为开展业务，在觥筹交错、酒酣耳热间，结识了多个阶层、不同类型的权势"朋友"。但他作为中共党员，尽管常常往返于资本阵营，在一个又一个或贪婪或残暴的"友人"间虚与委蛇，却一直牢牢坚守周恩来"出污泥而不染"的叮嘱，严格要求身边人，坚持"为党赚钱同流而不合污"。

毛泽东曾在1945年重庆谈判期间接见卢绪章，并对他和广大华行的工作进行了鼓励和肯定。为党赚钱，也成为卢绪章工作的信念和动力。事实上，从1942年至1949年，除小额经费的多次周转，广大华行还向党组织提供了5次较大资金。在领导广大华行近10年的时间里，卢绪章为调节党的地下组织经费问题作出很大贡献，他自己也真正做到了"出污泥而不染，同流而不合污"。

（资料来源：党史学习教育网，2022年3月18日）

拓展阅读10：何功伟 "我为天地存正气"

何功伟，湖北人，1936年加入中国共产党。1939年，何功伟来到重庆，向南方局汇报鄂南工作并听取南方局指示。9月，南方局派他到鄂西工作，任中共湘鄂西区党委宣传部部长。8月，湘鄂西区党委改组为鄂西特委，何功伟任书记。1941年1月，国民党顽固派制造"皖南事变"，发动第二次反共高潮。由于叛徒出卖，何功伟在湖北恩施不幸被捕。消息传到重庆后，周恩来十分关注，很快就给中央书记处发电报，

何功伟像

指出湖北形势严峻，400多人被捕，包括书记何功伟，现在正设法营救。

被捕后的何功伟，先是被关押在恩施城内鼓楼街16号的特务机关内。一天晚上，敌人秘密提审他。没想到的是，何功伟把审讯台变成了宣传共产党抗日主张的讲台。只见他铿锵有力地强调"我们共产党人的所作所为都是光明磊落、符合民族利益的"，痛斥国民党违背抗日民族统一战线，捕杀爱国人士，破坏抗战，破坏团结，要求停止对共产党人的迫害。搞得敌人倒成了受审者，个个暴跳如雷，审讯只得草草收场。

后来，何功伟又被单独关押在城西方家坝集中营管理所一个密不透风、霉气弥漫的谷仓里。这里的环境特别糟糕。何功伟进行了改善监狱环境的抗议斗争，向管理所提出三点要求：一是开窗，二是便桶要加盖，三是要有书读。还强调这是"囚徒"最基本的权利，不答应他就绝食。绝食3天后，

特务头子刘培初生怕这位共产党要犯出了差错，慌忙吩咐所长：“我们要在他身上做文章，快给他开窗，小不忍则乱大谋。”于是，密封的谷仓房开了一个5寸见方的口子，仓内的尿桶每天有人清洗一次，准许早上洗脸时从谷仓门口单独活动一会儿，还给他送来了英语书和《资治通鉴》，其他牢房的条件也得到了一些改善。这是何功伟在狱中斗争取得的初步胜利。

敌人为了撬开何功伟的嘴，套出我党的秘密，见高压手段不奏效，于是采取软化的办法来"劝降"何功伟。

1941年春，鄂西国民党的许多头面人物络绎不绝地来到方家坝，以高官厚禄来引诱何功伟，暗示他只要交出共产党组织的名单，各种省级官衔任他挑选。如果不愿做官，上大学、出国留学也是任他选择。面对这些引诱，何功伟断然拒绝，并表明自己"决不同你们这帮祸国殃民的民族败类同流合污！"

敌人诱降失败，又施一计，派出所谓"名士"到方家坝同何功伟进行辩论，妄想动摇他的共产主义的信仰。很快，一场关于共产主义和三民主义的辩论在狱中上演。最终结果是，这些国民党找来的"名士"都夹着尾巴溜走了，整个牢房回响着"只有共产党才能救中国"的声音。

一次又一次的失败，敌人也犯了难，一时之间竟不知如何是好。直到他们发现何功伟给父亲何楚瑛写信，觉得可以利用骨肉之情来软化何功伟的革命意志。陈诚很快就派人把何功伟的父亲从石首调关地方送往恩施。4月9日，千里寻儿的何楚瑛终于见到了何功伟，父子俩抱住痛哭了一场。何父急切希望儿子可以早获自由，摆脱牢狱之灾，劝说何功伟答应国民党的要求。何功伟耐心地告诉父亲，不要被他人欺骗，他所从事的工作是神圣的，是为了抗击日本侵略者，是为了救国救民，为国家、民族牺牲，他死而无憾！为了劝老父亲早日回家，不要为这毫无希望的"营救"劳碌奔波，何功伟将两个多月前在狱中写给父亲的信重抄了一遍："儿献身真理，早具决心，苟义之所在，纵刀锯斧钺加诸颈项，父母兄弟环泣于前，此心亦万不可动，此志亦万不能移……"字字铿锵，掷地有声。然而，信件被特务截住，报给了陈诚。陈诚看后，也不禁感慨："我们国民党怎么没有这样的人才！"他在信中批了"此人伟大"4个字，并将信扣压。

最后一次去探监，何父痛感就要失去爱子，但他不忍心就此与爱子永别。老人竟跪到了儿子面前。何功伟见状，心如刀绞，他扶起父亲，并说出了自己的决心："我为天地存正气，为个人全人格，头可断，不可点！"老人怀着无比悲痛的心情，踉踉跄跄地离开了。

各种伎俩均以失败告终，敌人也失去了耐心，决定对何功伟痛下毒手。1941年11月17日，何功伟被押出地牢执行枪决。行刑刽子手告诉何功伟："你上一步，我问你一次'回不回头'，你若回头，就免于一死，你若走完台阶还不回头，就枪毙！"何功伟坚贞不屈，不为所动，拖着遍体鳞伤的身躯，高唱着《国际歌》，一步一步地攀登台阶。在五道涧刑场上，执刑的特务强迫何功伟跪下，何功伟怒斥："共产党员是不会下跪的！"并高呼口号。

何功伟最后倒在了血泊之中，用年轻的生命诠释了他所追求的"为天地存正气，为个人全人格"。

第六章

用『真诚巨大的人格力量』育人

2021年6月29日，在庆祝中国共产党成立100周年"七一勋章"颁授仪式上，习近平总书记深刻指出，共产党人拥有人格力量，才能赢得民心。全党同志都要明大德、守公德、严私德，清清白白做人、干干净净做事，做到克己奉公、以俭修身，永葆清正廉洁的政治本色。中国共产党人在百年奋斗历程中所凝结而成的人格力量，是党团结人民、凝聚人心的最直观、最感人、最具魅力的力量。中国共产党作为马克思主义执政党，干事创业靠的就是强大的真理力量和强大的人格力量。真理力量集中体现为我们党的正确理论，人格力量集中体现为我们党的优良作风。

　　抗日战争和解放战争时期，以周恩来为代表的中共中央南方局老一辈无产阶级革命家、共产党人和革命志士，之所以能在国统区恶劣艰险的政治环境下开展有力斗争，赢得革命群众和社会各界人士的大力支持，创造出光辉业绩，一是依靠始终坚持党中央路线、方针和政策的真理力量，另一个就是依靠"红岩人"在革命斗争实践中展现出的真诚巨大的人格力量。

一、什么是人格力量

人格也称个性，这个概念源于希腊语 Persona，现在常用英文表达是 personality。它的原意是来自拉丁文中的"面具"，原指演员在舞台上戴的各种假面具，类似于中国京剧中的脸谱，后来借用这个词来说明在人生舞台上，人也会根据社会角色的不同来换面具，这些面具就是人格的外在表现。面具后面还有一个实实在在的真我，即真实的自我，它可能和外在的面具截然不同。

"人格"一词有多种含义。法律意义上的人格，指享有法律地位的人。伦理学意义上的人格常称为道德人格，指一个人的品德和操守。马克思主义认为人格不是超历史超现实的抽象，本质上是人的一种社会特质，指人在一定的社会中的地位和作用的统一，是个人的尊严、价值和品格的总和。心理学认为，人格是指人的整体精神面貌和具有一定的倾向性的心理特征，是人的内在心理组织和结构。包括两个方面，即人格倾向性和人格心理特征。人格倾向性包括人的需要、动机、兴趣和信念等决定着人对现实的态度倾向；人格心理特征包括人的气质、性格和能力的总和，决定着人的行为方式上的个性特征。

综上，人格是一个人区别于他人的思想、情感及行为的统合模式，是知识累积、道德修为和意志磨炼的独特综合。人格往往通过实际生活、人际交往等具体活动呈现出来，反映一个人思想觉悟、道德情操所达到的水准。同时，它又以感性的方式作用于外部世界，无声影响周围的人和环境，乃至作用于整个社会。

人格是有力量的。人格力量指人在性格、气质、能力、道德品质等方面具有的吸引人的力量，表现为精神境界、道德情操、价值取向等汇聚而成的感召力、影响力、带动力。中国共产党人的人格力量，既贯穿着马克思主义政党建设的基本原则和内在要求，又植根于中华传统文化的深厚土壤。有五千年光辉历史的中华民族，在长期发展进程中形成的民族意识、民族文化、民族性格和价值追求，塑造和凝结成为具有中国气派、中国特色的人格力量。这种传统人格力量可以从两个方面来概括：在外在形象上，表现为"君子之道"；在核心内涵上，表现为"家国情怀"。两者一直相生相伴、交相辉映，成为中国传统社会的主流道德追求。孔子的"文质彬彬，然后君子"，表达儒家的人格理想，范仲淹的"先天下之忧而忧，后天下之乐而乐"，展示忧国忧民的情怀。"人生自古谁无死，留取丹心照汗青"是信念，"苟利国家生死以，岂因祸福避趋之"是决心。一代又一代志士仁人或利居众后、责在人先，或鞠躬尽瘁，死而后已，虽然境遇不同、地位不同，但都表现出一种至高无上、无坚不摧的人格力量，中华民族也逐渐积淀了独具特色的优秀人格特征。

　　根植于包含着中华民族最根本精神基因的传统人格力量这样一个基础和土壤，中国共产党人的人格力量有了进一步升华和发扬。中共中央南方局老一辈革命家、共产党人和革命志士将人格力量与真理力量完美结合，充分彰显了中华民族兼容并包的博大胸襟，体现出共产党人严于律己的党性修养和同舟共济的团结精神，以及始终保持艰苦奋斗的作风。正是因为拥有这样的人格魅力与品德修养，共产党人才在国统区赢得了革命群众和爱国民主人士的真心拥护。

二、红岩精神具有"真诚巨大的人格力量"

一部红岩历史，就是一部千锤百炼的人格力量锻造史。红岩精神的重要特质之一就是真诚巨大的人格力量。

南方国统区的共产党人在复杂困难的斗争中，创造性地贯彻执行党的路线方针政策，海纳百川、严于律己、团结多数、艰苦奋斗，以巨大的人格力量影响着各界人士，以共产党人严格的党性修养、宽广的政治胸怀、顽强的奋斗品质，赢得了各阶层人民真心拥护，使他们领略到共产党人的伟大，看到了光明的前途，毅然投身于中国人民的解放事业。

1.真诚巨大的人格力量来源于党性修养

党性就是政党的性质，或政党固有的阶级本性。不同性质的政党有不同的党性。无产阶级政党的党性集中体现为它的无产阶级属性。中国共产党是中国工人阶级的先锋队，同时是中国人民和中华民族的先锋队，是中国特色社会主义事业的领导核心。中国工人阶级最先进的品性、中国人民最优秀的品质、中华民族最伟大的品格，就是中国共产党的党性。具体地说，中国共产党党性主要包括以下内容：信仰共产主义，全心全意为人民服务，坚持民主集中制，开展批评与自我批评，坚持真理、修正错误等等。

党性作为政党固有的本质属性，既通过党组织的行为表现出来，也通过党员个体的行为表现出来。党性是党员干部立身、立业、立言、立德的基石，不可能一蹴而就，更不可能一劳永逸，必须不断加强党性修养，持之以恒，久久为功。也就是共产党员在思想上、政治上、组织上和行动上按党性原则行使活动，坚持全心全意为人民服务，在改造客观世界中实现自我净化、自我完善、自我革新、自我提高，从一点一滴、一言一行做起，贵在自觉、贵在实践、贵在持之以恒。

抗日战争和解放战争时期，中共中央南方局始终把强化党员的党性修养，作为加强党的建设的重要内容。国统区广大党员自觉在革命斗争实践中不断加强政治理论修养，在生与死的特殊环境中经受住了金钱和美色的诱惑，始终保持共产党人的政治本色，锻造了傲雪凌霜的红梅般的人格。

加强党性修养的光辉典范是周恩来。他能力超群、顾全大局、鞠躬尽瘁、死而后已，以其高尚人格给后世留下无尽的美谈。在重庆红岩村整风时，周恩来写下《我的修养要则》，这无疑是其锤炼党性的生动写照。（详见本书第二章拓展阅读）

《我的修养要则》是周恩来对一个共产党人加强党性修养和锻炼的具体要求和方法。这集中体现了他严于律己，宽以待人，廉洁清正，言行一致，把全部身心贡献给中华民族和中国人民解放事业，贡献给共产主义事业的党性修养。他博大的思想、高尚的情操、优良的道德风范及巨大的人格魅力为全党树立了楷模。当年凡是在他领导下工作过的人，与他交往过的人，无不深受感染。周恩来永远是坦诚第一、他人第一、工作第一、谦逊第一，即便是曾经的谈判对手，如张治中、张冲、马歇尔等人，也无不从内心深处钦佩他一身正气、襟怀坦荡的君子之风。美国前总统尼克松也曾说："是周恩来的人格力量说服了我。我觉得，一个拥有如此高尚的领导人的政党是值得信赖的。"这些足见其人格的巨大感召力和影响力。可以说，周恩来是红岩精神的人格化身，是红岩精神的核心灵魂。

加强党性修养的光辉典范还有中共中央南方局的另外一位领导人董必武。

董必武率先垂范律己从严，深深地影响着身边的党员干部和革命志士，特别是他为六毛钱作检讨的事，在红岩村引起强烈反响，使严于律己、艰苦奋斗的优秀作风成为红岩村每一个人的自觉行动，进而成为终身恪守的人生准则。

1941年，中共中央派董必武到红岩八路军重庆办事处，担任中共中央南方局常委、统战工作委员会书记，并亲自掌管红岩机关财务开支。由于受国民党顽固派发动的反共高潮影响，办事处生活条件极其艰难。为了坚守住重庆这个重要的政治阵地，维持南方局和八路军办事处的正常运转，党把掌管两大机关财务开支的重担交给善于当家理财的董必武。他凭着在中央苏区总管财务的经验，艰难有序地运筹，为党为革命殚精竭虑地精打细算。为了改善生活，董必武对机关的伙食开支进行严格管理和监督。他要求办伙食的同志既要想尽办法改善领导和同志们的伙食，又决不能乱花一分钱。有一个月，在月底伙食费结算时，账面上有六角钱的开支对不上。为此，董必武十分自责，他对身边的同志们说："我们党的经费来得不容易，每分每厘都是同志们用血汗甚至生命换来的，我们只有精打细算的责任，没有浪费铺张的权力。"之后，他执意在机关大会上作了检查，并亲自向党中央写了书面检讨信。

董必武是驻重庆时间最长的中共中央南方局领导人之一，他一生清廉，立党为公，修身律己，虽然长期担任党的重要领导职务，但从不自视特殊，甘愿当人民的"配角"和"老牛"。抗战时期，董必武在重庆负责党的统战工作，长期以朴素简单的穿着与国民党上层人士打交道，他说："我们共产党人，是要革命，不是要讲阔气，同国民党比，要比革命，比谁是真正为亿万中国人民谋利益，比谁能得到中国劳苦大众的拥护。我们每花一分钱，都要想到解放区人民的艰苦生活，想到敌占区人民逃荒要饭的惨景。"作为管理中共中央南方局经济的负责人，董必武总是提倡勤俭节约，做到物尽其用，财尽其力。为了节省开支，他要求自己的伙食标准比规定的低；发给的衣物、用品，只要还能凑合就继续用。新中国成立后，他仍旧保持自己的这一作风，无论走到哪里，都把克己奉公、艰苦朴素的作风带到哪里。董必武的这种精神风范，是中国优秀传统人文精神与共产主义道德在特定历史时期的生动体现。

加强党性修养和党性淬炼，形成巨大的人格力量，还体现在许晓轩、王朴、陈然等一大批革命英烈身上。他们如同红梅"凌寒独自开"，坚忍不拔、不屈不挠、奋勇争先、自强不息。他们立起了共产党人的崇高精神风范和坚贞气节，丰富和壮大了党的精神世界。相反，如果缺少党性锤炼，一名共产党员就会出现这样那样的问题。红岩烈士留下对后人告诫的"狱中八条"，正是对当时那些有辱人格之徒的有力鞭挞。

2.真诚巨大的人格力量来源于同舟共济的团结精神

抗日战争和解放战争时期，中共中央南方局的中心工作和主要任务就是团结一切可以团结的力量，调动一切可以调动的积极因素，巩固和扩大统一战线，壮大中国革命的进步力量。在同国民党、民主党派、社会贤达以及经济界、文化界人士交往过程中，以周恩来为代表的共产党人用各种方式向广大群众宣传中国共产党的路线、方针和政策，尊重人、理解人，以巨大的人格魅力、真挚的交友之道和海纳百川的胸襟，形成了巨大的磁场效应，为推动中国革命发展奠定了坚实的群众基础。

——**维护国共合作大局**。从1939年到1946年，国共两党在重庆就合作抗日和战后建国等重大问题进行了多次谈判，消解矛盾，弥合分歧，求同存异，努力维护合作抗战大局，取得了抗日战争的最后胜利，并对战后中国政治走向产生了深远的影响。在中共中央领导下，中共中央南方局为维系国共合作，夺取抗战胜利以及实现战后建国等做了大量工作。抗战时期，周恩来、董必武、叶剑英、林伯渠、王若飞等多次同国民党谈判，贯彻中央"坚持抗战，反对投降；坚持团结，反对分裂；坚持进步，反对倒退"的三大政治口号，针对国民党顽固派反共反人民的活动，进行有理有利有节的斗争。即便发生了皖南事变这样严重的军事冲突，也没有与国民党走向完全破裂。这些斗争既表明了共产党对国共合作抗战的诚意，又体现了共产党对国民党顽固派进行斗争的决心，从而巩固和扩大了以国共合作为基础的抗日民族统一战线，扩大了共产党在国统区的政治影响，为推动抗日战争的最后胜利作出了重要贡献。抗战时期，在与国民党合作的过程中，留下了许多感人肺腑、耳熟能详的事迹，其中周恩来与张冲、张治中"化敌为友"尤为典型。20世纪30年代初期，张冲就与周恩来打过交道。当时张冲是国民党中央组织部调查科("中统"前身)总干事，在他的策划下，1932年2月上海《申报》《时报》《新闻报》等国内报刊相继登出伪造的《伍豪等脱离共党启事》(伍豪是周恩来在白区工作的化名)，诬陷周恩来，企图借此蛊惑人心、制造混乱，离间瓦解中共组织。张冲的企图随即遭到中共临时中央针锋相对的反击，目的未达到。抗战全面爆发后，张冲作为国民党代表负责与周恩来等商讨和处置国共合作有关事宜。两人之间的交往不断增多，关系不断密切。1941年2月14日，国民党顽固派蓄意挑衅，一个宪兵队无理没收了一板车《新华日报》。周恩来怒不可遏，亲自参与交涉，但宪兵队拒绝发还。周恩来打电话给张冲，张冲立即赶来，帮助交涉，终于取回报纸。此时天色已晚，风雨交加，张冲陪着周恩来步行回曾家岩周公馆。两个对手，漫步街头，一路谈心，都希望能渡过难关，把团结抗日进行下去。同年8月，张冲在重庆病逝，年仅38岁。周恩来闻讯极为悲痛，亲致挽联："安危谁与共？风雨忆同舟！"短短十个字，一个问号，一个感叹号，饱含深意和深情。周恩来还电告中央，建议捐款3万元资助张冲追悼会，以表明中共的态度。后来毛泽东、朱德等中共领导人纷纷致挽联哀悼。毛泽东、林伯渠、吴玉章、董必武等7人联名的挽联是："大计赖支持，内联共，外联苏，奔走不辞劳，七载辛勤如一日；斯人独憔悴，始病热，继病疟，深沉竟莫起，数声哭泣已千秋。"朱德、彭德怀的挽联是："国士无双，斯人不再；九原可作，万里相招。"面对民族危亡，周恩来捐弃前嫌，不咎既往。他的豁达与坦诚赢得了张冲的敬佩，结下了超越党派利益的私人情谊。抗日战争和解放战争时期，周恩来在同国民党当局谈判交涉中与国民党高官张治中也结下深厚友谊。抗战胜利后，张治中积极推动和平建国事业。重庆谈判期间，他亲自护送毛泽东往返延安，把自己的宅邸桂园让出来，提供给毛泽东办公会客之用。他和周恩来一起妥善安排毛泽东在重庆期间的警卫工作，再三嘱咐警卫人员说："保卫毛泽东，要胜过我十倍！"

——与中间势力肝胆相照。以周恩来为代表的中共中央南方局积极团结和争取中间党派及其无党派民主人士，同他们交朋友，并经常就国际国内形势、坚持抗战以及战后建国等重点问题交换意见。艰辛却出色的工作，使爱国中间党派逐步成为中国共产党肝胆相照、荣辱与共、长期合作的亲密朋友，壮大了民主阵营，从而有力地改变了中国革命的阶级力量对比，为夺取中国革命胜利提供了有利条件。在与民主党派及其无党派人士的交往中，中共中央南方局把团结中国民主同盟和九三学社等放到重要的地位。1941年皖南事变后，国共两党关系异常紧张，抗战局势危殆。基于国内政治形势的逆转，中间党派迫切要求进一步加强团结，组织起来，形成一股强大的政治力量，以便将中间力量汇合起来，居于国共两党之间，调和监督，以期达到全国的民主团结，阻止发生内战。正是如此，梁漱溟等民主人士决定改组统一建国同志会。在中国共产党的大力支持下，1941年3月19日，中国民主政团同盟在上清寺特园秘密成立。中国民主政团同盟成立后，由于在国民党统治区没有合法地位，不能公开活动，决定派中常委梁漱溟去香港办报，在海外建立言论机关，宣传民盟的政治主张，争取社会舆论的同情与支持，然后公开民盟的组织。同年3月28日，梁漱溟专程到重庆曾家岩拜访周恩来，向周恩来通报民主政团同盟成立的经过以及确定的政治纲领，同时谈及他受民盟委托将到香港办报的问题，希望得到中国共产党的支持和帮助。周恩来当即表示赞同，并答应转告中共驻香港机关予以协助。通过中国共产党的人力物力支持，中国民主政团同盟机关报——《光明报》于1941年9月18日在香港正式出版。在促成九三学社的成立上，中共中央南方局也发挥了重要作用。

——放眼世界广交朋友。第二次世界大战期间，为了彻底打败德、意、日法西斯国家，中国同美、英、苏结成广泛的国际反法西斯战线。针对这种情况，以周恩来为书记的中共中央南方局在中共中央的正确领导下，因势利导，积极与国际社会接触，经常同外国驻华使节、援华机构人员和新闻记者会晤，广交朋友，阐述中国共产党的路线、方针和政策，以大量确凿的事实说明共产党在抗战中的贡献，揭露国民党当局消极抗日、积极反共的行径，争取国际社会对中国抗战和抗日根据地的同情和支持，为巩固和扩大国际反法西斯统一战线发挥了重要作用。中共中央南方局特别重视加强同英国、美国等国家政要、友人的统战工作。

1942年1月18日，《新华日报》刊登了一则电讯："官方正式宣布，驻华大使卡尔爵士将继克利浦斯任驻苏大使。"周恩来特地指示《新华日报》发表系列欢送文章。1月25日《新华日报》发表社论《惜别英大使卡尔爵士并致临别赠言》，2月4日《新华日报》再次发表时评《再惜别卡尔大使》和特写文章《惜别一位真挚的中国友人——卡尔大使访问记》。周恩来是中国共产党在国统区的最高代表，卡尔则是英国在华的最高使节。两人原本殊非一途，他们又是如何相识、相交、相知的呢？周恩来与卡尔大使的友谊始于1938年1月。抗战初期，著名国际友人路易·艾黎在国统区发起"工业合作社"运动，成为抗日救亡运动的重要内容，得到卡尔和周恩来的大力支持，两人由此相交。经过多次交往，周恩来发现卡尔很少受传统观念或偏见的束缚，在国共关系中不抱偏见、保持中立。当周恩来向他说明中国共产党人想在香港设立一个办事处时，他表示极力支持。正是在他的帮助下，八路军驻香港办事处才获得总督的准许得以成立，成为联系海外华侨及香港等地中共组织的重要阵地。皖南事变后，为了促使国际社会了解事件真相，周恩来四处开展国际统战工作。英国驻华大使卡尔密切关注事态发展。他信任周恩来，更是渴望与周恩来见面，了解皖南事变的详细经过。周恩来到卡尔住处，详细介绍了国民党八万军队突然袭击奉命北上的9000余名新四军官兵的真相。卡尔被周恩来的真诚和提供的翔实资料深深打动，促使英国政府对蒋介石施加压力。不久，在卡尔的帮助下，周恩来冲破蒋介石重重阻挠，在英国大使馆与美国总统特使居里会面，阐述国民党当局破坏团结、制造血案的事实。居里随后向蒋介石郑重声明：美国在国共纠纷未解决之前，无法大量援华。卡尔在离华前，邀请周恩来参加告别酒会，并赠送给他一把英军缴获的德国军刀。随后，周恩来为卡尔设宴饯行，回赠给卡尔一把新四军缴获的日本军刀，共勉互重之意，溢于言表。1942年2月4日下午，卡尔带着周恩来赠送的那把日本军刀和深厚友情，离开了硝烟正浓的中国抗日战场。

抗日战争期间，中国共产党及其领导的八路军、新四军是什么情况，多年的新闻封锁使国际社会知之甚少。以周恩来为代表的中共中央南方局加强了外国记者的统战工作。1943年初，英美等国记者向中共驻重庆办事处表达访问延安的意向，但由于国民党的阻挠未能成行。1944年6月，"中外记者西北考察团"一行21人在中共中央南方局和周恩来的周密安排下，冲破重重困难抵赴延安。7月下旬，其中的中国记者返回重庆后，外国记者又对延安和晋西北进行考察访问，直至当年10月。为赢得国际社会对中国抗战的同情和支持，以周恩来为书记的中共中央南方局利用同美、英、苏等国政要及记者等接触的机会，积极开展国际统一战线工作，搭建与国际社会联系、交往的桥梁，开启了中国共产党对外交往的新篇章，为中国共产党走向世界广交朋友提供了广阔舞台。

3.真诚巨大的人格力量来源于矢志不渝的艰苦奋斗

在不同的历史时期、不同的历史环境中，艰苦奋斗虽然有不同表现形式，但其内涵是相通的，本质是一致的。

艰苦奋斗是中华民族宝贵的精神财富，也是中国共产党长期奋斗构建的精神谱系中的重要内容。中国共产党是靠艰苦奋斗起家的，也是靠艰苦奋斗发展壮大、成就伟业、创造辉煌的。可以说，我们党100多年的历史，就是一部艰苦奋斗史。艰苦奋斗是中国共产党长期倡导和培育的优良作风，是党带领人民战胜各种困难和风险、不断走向胜利的显著政治优势。

同样，红岩精神蕴含了这无比珍贵的传家宝。以周恩来、董必武为代表的中共中央南方局共产党人，无论在什么情况下都坚持艰苦创业、自力更生、吃苦耐劳的高尚品质，这种品质帮助中共中央南方局共产党人战胜了各种艰难困苦，圆满地完成了党组织交给的在国统区的工作任务，同时影响了国统区的各界人士，使他们领略到了共产党人的伟大人格，看到了光明前途，毅然决然共同投身于中国人民的解放事业。

——"空谈误国，实干兴邦"。唱高调坐而论道不能解决问题。在国统区险恶的斗争环境中，中共中央南方局共产党人日常工作和生活条件十分艰苦，而且随时面临被捕、监禁和杀头的危险。但他们置个人安危不顾，不怕坐牢、不怕砍头，勤奋工作，勇于开拓，埋头苦干，攻克万难，涌现出许多可歌可泣的英雄人物。抗日战争时期的李荣模和解放战争时期的陈以文等尤为典型。

——"成由勤俭败由奢"。古今中外，凡是处于上升阶段的国家、民族、政党，总是崇尚艰苦节俭；凡是处于没落阶段或者开始走下坡路的阶级和政党，总是害怕艰苦，追求奢靡。面对国统区灯红酒绿的生活，以周恩来、董必武为代表的老一辈无产阶级革命家、共产党人和革命志士始终坚定理想信念不动摇，坚持和弘扬艰苦奋斗的优良作风，经受住了金钱、美色和权力的诱惑，保持和发展了共产党人的先进性和纯洁性。周恩来作为中共中央南方局书记，始终艰苦奋斗，过着简朴生活，在红岩村被誉为"节约模范"。

4.真诚巨大的人格力量来源于良好的学习风气

在红岩村，中共中央南方局机关内有着良好的学习风气。党员干部特别是领导干部工作虽然繁重，但从未放松学习。周恩来和董必武把中共中央南方局机关人员组织起来，每两周举行一次座谈会，大家就自己业务范围内的问题进行专题发言，每半年进行一次考核，在检查个人学习成绩的同时，也教育了每一位同志。周恩来等中共中央南方局领导人更是以身作则，引导大家加强学习。周恩来就号召办事处的同志在工作之余努力学习英语，60岁高龄的董必武在办公室戴着老花镜朗读英语。由此，学习外语蔚然成风，无论是清晨还是夜晚，在室外、在宿舍等都能看到党员干部读外语的动人景象。在红岩村，中共中央南方局机关处处充满革命乐观、向上的精神。在严密的政治封锁和国民党特务监视下，生活有时如同与世隔绝。为了改变枯燥无味的状态，办事处组织了各式各样的文体活动，活跃党员干部的业余生活。比如，荣高棠指挥过歌咏比赛，张玉琴的女儿以优美的嗓音博得小歌唱家的美名，办事处底楼的救亡室成为乒乓球赛场，办事处大门口对面变成简易篮球场。

三、把"真诚巨大的人格力量"转化为育人资源

2018年9月10日，习近平总书记在全国教育大会上指出："要在加强品德修养上下功夫，教育引导学生培育和践行社会主义核心价值观，踏踏实实修好品德，成为有大爱大德大情怀的人。""有大爱大德大情怀的人"无疑是"有人格力量的人"，"成为有大爱大德大情怀的人"就必然要以"人格力量"来"育人"，以"巨大的人格力量"才能更好地为党育人、为国育才。

新时代弘扬和践行红岩精神，就要学习以周恩来为代表的中共中央南方局老一辈无产阶级革命家、共产党人和革命志士崇高的精神风范，弘扬团结精神，保持艰苦奋斗优良作风，培塑高尚人格。

把红岩精神"真诚巨大的人格力量"转化为育人的资源，可以从以下几个方面入手。

1.进教材，让抽象的中国革命精神具象化

教材以及课外读物具有覆盖面广、影响力大、传播久的显著特点，贴合思政课、历史课和其他相关课程自身特点，系统谋划进教材及课外读物，深入浅出、生动活泼地编写好红色资源，有着极其重要的铸魂育人作用，也能深受学生欢

迎。一部红岩历史，是一部人格力量千锤百炼、反复锻造的历史。我们常说历史是最好的教科书，那么感人的红岩故事就是共产党历史书中的光辉篇章，壮烈的英雄事迹就是传承红色基因的鲜活教材。战斗在国统区的共产党人"出淤泥而不染"，无论是钱之光、潘梓年等身在红岩，还是沈安娜、黎强等深入虎穴，或是卢绪章、肖林等鏖战商海，都始终坚守共产党人的本色，经受住灯红酒绿的严峻考验，在特殊岗位上始终保持共产党人的情操。红岩人正是因为拥有这样的人格力量，才能在国统区恶劣艰险的政治环境下开展斗争，创造出辉煌业绩，才能赢得革命群众和爱国民主人士的真心拥护。

贴近受众进教材，不仅要写清"真诚巨大的人格力量"这一红岩精神的特质，更要运用人格化传播策略，将抽象化的红岩精神通过关系构建，激发学生的共情与认同。人格化就是以人自身的理解去看待现实，实质上是对人与自己、人与人、人与世界关系的一种反映。要善于在教材中，使用人格化语言和符号把人的思想、感情和行为投射于描述的事物，凸显传播对象的情感、个性和魅力。要善于使用人格化表述，通过直观形象又蕴含深层次家国情怀的话语文本和图像，强调学生与表现物之间的情感关系或情感依恋，激发受众互动，凝聚情感和理性共识，进而生动诠释伟大红岩精神的内涵。

"真诚巨大的人格力量"进教材就离不开英雄表达和故事呈现。英雄之所以为英雄在于其崇高价值，在于以其悲壮或悲剧性的形态呈现普通人不具备的"美"或难以达至的人格境界。英雄表达是凝聚本民族历史和文化的核心之一，也是区别于其他民族文化的特征。当英雄叙事成为民族精神和文化传统的载体，就具备了文化传承和教育功能，与意识形态和民族价值观融于一体。红岩精神中包括了周恩来、江竹筠、许建业、王朴等众多英雄个体，英雄故事传播面向学生需要突出两点：英雄之崇高和人性。前者让英雄成为超越众生的"神"，引人崇拜；后者让英雄回归大众，让人可信。要结合受众特点，恰如其分地展现英雄的奉献精神、大爱情怀、自我要求；要打破"高大全"的报道模式，着力加强对英雄个体本身的人性化表达。人之为人必有弱点和不足，不完美但真实的英雄更为可爱、可信、可敬、可学。如此转化而成的育人资源，才能激励并非完人的学生，永远朝着追求完美人格的目标而努力。

2.进课堂，融入育人主渠道、构建育人大空间

聚焦立德树人根本任务，必须善用"大思政课"，拓展工作格局，汇聚育人合力，调动多方资源，扩展课堂半径，形成覆盖校园、社会、网络的全时空全覆盖大课堂，在潜移默化、润物无声中形成启智润心的育人整体氛围。在进大课堂的实践中，要特别注重方式方法，克服"硬融入""表面化"等现象，把"巨大的人格力量"讲深、讲透、讲活、讲好，生动活泼地引导学生真学、真懂、真信、真用。

让"真诚巨大的人格力量"进校园金课，抓牢育人主阵地。广泛融入思政课程，马克思主义学院教师要将红岩精神资源有机渗透到"马克思主义基本原理概论""中国近现代史纲要""思想道德修养与法律基础""形势与政策"等课程，开发"巨大的人格力量"主题微课程，阐述其生成逻辑、深刻内涵和时代价值，因事、因时、因势地精心挖掘最近最新的鲜活事例，让学生深刻理解。深入渗透课程思政，比如四川外国语大学立足特色学科优势，用阿拉伯语、希伯来语、朝鲜语、越南语、印地语等多种语言，"拟人化"讲红岩故事传红岩精神。新闻传播专业将"讲好红岩故事，传承红岩精神"融入专业建设和课堂实践，激发学生家国情怀，培养跨文化传播力。广告设计专业深挖传媒设计类元素及红岩文化价值，形象化"人格化"宣扬红岩精神。许多学院在"大学生职业生涯规划""创新创业导论"等公共课中广泛融入红岩事迹，开展形式多样体验教学，实现知识传授与人格塑造、品德修为的融合。全面渗入文明校园创建，"人格化"命名建设红岩班、红岩讲解队、红岩志愿队，奋力打造新时代"红岩先锋"变革型组织，常态化开展读红岩书目、唱红岩歌曲、讲红岩故事、听红岩讲座、观红岩文艺作品、做志愿服务等活动，让红岩精神成为追求进步、提升品德的不竭精神力量。

让"真诚巨大的人格力量"进社会大课堂，拓展育人大天地。用好、用活社会大课堂，让历史与现实相联结，可以拉近红岩精神的"距离感"。"红色三岩"纪念性空间是呈现红岩精神的重要记忆场所，"11·27"等重大日子是弘扬红岩精神的关键时间节点。置身于特定时空，很容易引起当代学子的历史共鸣。要充分挖掘特有的红色资源，如革命旧址、历史人物故居、革命历史博物馆及红色教育基地等，并通过精心设计的红色研学项目，举办辩论赛、演讲比赛、红色电影展示、假期实践调研、文创产品设计制作等活动，让学生在亲身体验中感悟巨大人格力量，传承红岩精神。

让"真诚巨大的人格力量"进网络云课堂，构建育人新格局。以现代网络技术、云计算技术为支撑的云课堂，是全时空全覆盖"大思政课"育人格局构建的关键一环。提升红岩精神教学实效，就要在媒体融合发展的大趋势下，充分发挥网络云课堂的跨时空性，利用跨区域实时连线、虚拟现实技术、云互动直播等技术手段，打破传统授课的时空局限性，呈现立体、动态、活跃的沉浸式大课堂。利用云课堂可视化、情景化特点，通过 VR、AR 等现代信息技术手段再现历史人物、复现历史情境等方式，让学生在学习精神、领悟精神的过程中有更多的在场感、主角感和触动感，真正让学生"身临其境"参与其中、学在其中、乐在其中，赓续红岩精神。

3.进头脑，促进师德、生德协调共进

"红岩精神"是珍贵的精神财富，一曲《红梅赞》唱出无数红岩烈士的高贵品格。红岩人格所蕴含的"严于律己的党性修养、同舟共济的团结精神、矢志不渝的艰苦奋斗"特质，是无比宝贵的育人资源。培养担当民族复兴大任的时代新人，就要让"巨大的人格力量"扎实有效进师生头脑，提高道德认识、丰富道德情感、锻炼道德意志，切实转化为教师高尚的职业道德情操和学生优秀的思想品德素质。

加强师德师风建设和学生思想品德教育，构建长效常态机制，通过"人格力量"引导广大师生以德施教、以德立学、以德立身、以德育德，使每一位教师有理想信念、有道德情操、有扎实学识、有仁爱之心，使每一位学生完善人格、学习知识、创新思维、奉献祖国。

其一，要注重人格榜样示范，大力宣传新时代阳光美丽、爱岗敬业、团结奉献的教师形象，大力宣传新时代品学兼优、生活勤俭、乐于助人的学生形象，深入挖掘"师德标兵""模范教师""优秀学生"等先进典型，运用授予荣誉表彰、先进事迹报告、媒体深度宣传、创作文艺作品等多种手段，充分

发挥典型引领示范和辐射带动作用，形成立体的舆论场和强大的正能量。

其二，注重集体人格养成，形塑优良的学校文化，凝练出广大师生认同的价值观、行为准则等，并将其融入教学工作生活中，转化为师生自觉行为，最后固化为学校的教风、学风和校风，呈现优秀带动优秀、卓越成就卓越的魅力。

其三，注重人格自我塑造，做好反思性的实践者。一个人的成长成才，关键在于自身的品德修为、精神修筑和格局修养。师生的成长=经验+反思，要学会严于律己、克己内省，善于主动从自身找原因，积极地自我检查。

《共产党宣言》指出，共产党人"没有任何同整个无产阶级的利益不同的利益"。毛泽东同志讲："共产党是为民族、为人民谋利益的政党，它本身决无私利可图。"习近平总书记说："我将无我，不负人民。"这些都是中国共产党全心全意为人民服务的人格魅力体现，也是中国共产党能够行稳致远的人格力量所在。100多年来中国共产党人用优良作风、革命精神和崇高风范凝结而成的人格力量，始终是党团结人民、凝聚人心的最直观、最感人、最具魅力的力量，也必将是我们面对新时代严峻挑战和各种风险，始终立于不败之地、永远站在历史制高点的伟大力量。

迈入新时代，踏上新征程，肩负新任务，要立志建新功。我们要坚持高举习近平新时代中国特色社会主义思想伟大旗帜，推动中国共产党"真诚巨大的人格力量"进教材、进课堂、进头脑，锤炼高尚人格，坚持团结奋斗，做好中国特色社会主义建设者和接班人，确保红色基因代代相传。

拓展阅读11：周恩来以身作则践行艰苦朴素
生活作风的故事

从1936年12月开始，邱南章一直在周恩来身边做警卫员。有一次，邱南章帮周恩来整理衣物，发现一双袜子破得不成样子，几次缝补袜底又磨出洞，袜面的有些地方也裂开。他就提出买双新袜子。周恩来却说，把破的地方再补一补仍可以穿。他坚持说，这双袜子也补过好几次，买一双新的只花几毛钱。周恩来强调，不要小看几毛钱，国统区少花几毛钱，解放区里就可以多花几毛钱。邱南章认为整天穿这样的袜子不行，周恩来却风趣地说，在会客时客人又不会让你脱下鞋，看看袜子。邱南章知道自己拗不过周恩来，因此只好再把袜子补一补。在繁忙的统战工作中，周恩来经常穿着这双打满补丁的袜子出入国民党政府，会见社会贤达，接见国际友人，为民族独立和人民解放不辞辛苦地奔忙。邱南章还在周恩来的教诲下学会了一纸多用，每次写信总是先用铅笔写，再用钢笔抄写，稿纸再用来练毛笔字，这样既节省纸又能练好字。

"上下一心将卒同甘"，在国统区复杂险恶的斗争环境中，以周恩来、董必武为代表的中共中央南方局老一辈无产阶级革命家，以铁的纪律严格要求自己，在生活待遇上从不搞特殊，始终与普通党员一起以革命乐观主义精神面对艰难险阻，用坚强的革命意志克服挫折困难，在红岩村这个偏僻荒谷中谱写了充满欢乐的生命交响曲。红岩村的党员干部之间只有分工的不同，没有官衔之称，上下级非常随和，部长不叫部长，书记不叫书记，大家亲切地称周恩来为恩来同志，称董必武为董老，称邓颖超为小超同志或邓大姐，大家平等相处，毫无特殊，一起吃饭，一起工作，一起劳动。抗战进入相持阶段，国民党统治集团采取积极反共、消极抗日的方针，对抗日根据地实行经济封锁。为了打破国民党顽固派的经济封锁，毛泽东向延安军民发出"自己动手，丰衣足食"的号召。中共中央南方局积极响应中央号召，在办事处房前、房后、坡上、树下开垦出六七块小菜地，种上白菜、萝卜、芹菜、牛皮菜等蔬菜。尽管工作很忙，周恩来等中共中央南方局领导人仍抽时间和党员干部一起干活，一起闲谈，在劳作中讲道理，大家在欢声笑语中受鼓舞、得启发。

拓展阅读12：刘国鋕"我死了，有党在，等于我还活着"

刘国鋕1921年出生于四川泸州，父亲曾任泸州济和发电厂董事长，家里有11个子女，刘国鋕是备受娇宠的"幺儿"。当时，他家不但财产丰厚，而且持有发电厂的股份，是当地名副其实的豪门大户。1940年，刘国鋕考入西南联大经济系，就是在这里，他作出一生中最重大的政治抉择——加入中国共产党。毕业后，两种不同的人生选择摆在他的面前。1944年，地下党组织决定派他到农村开展工作，而此时家人却给他谋了一个"美差"——到国民党资源委员会当研究员。他拒绝了家人的好意，服从党组织的安排，只身一人到云南陆良，在一所县中学教学，以数学教师身份协助当地省委开展游击队的筹建工作。直到1947年，刘国鋕才受组织调遣回到重庆，担任中共沙磁区学运特支书记，负责重庆大学地下党组织联络宣传工作，公开的身份则是四川省银行经济研究所资料室工作人员。

1948年，由于叛徒出卖，刘国铄不幸被捕。刘国铄被捕后，家人通过各种途径进行营救，还动员方方面面的关系向军统施压，要求放人。时任重庆市市长张笃伦、重庆市参议长胡子昂等官员打电话、送信函给徐远举，请求对刘国铄"网开一面""个案处理"；刘国铄的一位宗亲哥哥、四川省经济交通厅厅长刘航琛，也密电何应钦，务请刀下留人。

国民党重庆行辕二处处长徐远举欣喜若狂。他认为，像刘国铄这样出身豪门望族的公子哥儿，骨子里是不可能相信革命这一套的，不过是年轻人图新鲜赶时髦，只要政府稍加规劝，一定能"浪子回头"。审讯时，徐远举问："你家里面有钱有势，有吃有喝，你革谁的命，造谁的反，你知不知道你这一切做法都是跟家里人过不去？"刘国铄没有回答。无论徐远举如何威逼利诱，刘国铄都丝毫不为所动。徐远举恼羞成怒，对他施以酷刑，并将其投入监狱。最终，刘国铄的五哥刘国琪专程从香港赶回，不惜花重金贿赂徐远举。徐远举同意放人，但提出"必须在报上发表声明，退出共产党组织"。刘国铄得知徐远举的条件后，坚决拒绝，第一次营救就这样失败了。

1949年8月，刘家对刘国铄展开了第二次营救。这一次，刘国琪送给徐远举一张空白支票。他对徐远举说，要多少就填多少，刘家只有一个要求，降低条件放人。徐远举提出必须写悔过书。刘国琪考虑到弟弟的倔强性格，同意代写悔过书，让弟弟签字，徐远举这才答应。兄弟俩见面后，热泪盈眶。但听了释放条件后，刘国铄斩钉截铁地说："这个字我不能签，要释放只能是无条件的。"刘国琪听后苦苦哀求："你就签个字吧，何必这么认真呢？签个字出来，我立刻把你带到香港，再送到美国……"

刘国鋕对哥哥说："我死了，有党在，等于我还活着；背叛了党，我就算活着，也等于死了。"

1949年11月27日，白公馆惨绝人寰的血腥大屠杀开始了。当刽子手提押刘国鋕的时候，他正在牢房的地板上写诗。刽子手冲进去将他推出牢房，押往松林坡刑场。途中，刘国鋕高声朗诵在牢房里未写完的诗句："同志们，听吧！像春雷爆炸的，是解放军的炮声！人民解放了，人民胜利了！我们没有玷污党的荣誉，我们死而无愧！"

人的一生面临无数选择，而信仰的选择则需要一生去坚守。在生死之间，出身豪门的刘国鋕没有选择"似锦"的前程，而是坚守自己的政治抉择，用年轻的生命书写了对党、对人民的忠诚。这就是一个年仅28岁的共产党人在生命最后一刻发出的呐喊。是什么力量在支撑他？答案只有一个：共产党人对党、对人民的无比忠诚并由此产生的真诚巨大的人格力量。

（摘自《红色往事 镌刻在党旗上的保密故事》，金城出版社）

第七章

「如何将红岩精神转化为育人资源」系列访谈

"如何将红岩精神转化为育人资源"
系列访谈之一：周勇

周勇，西南大学和西南政法大学教授、博士研究生导师，曾任中共重庆市委宣传部常务副部长、中共重庆市委党史研究室主任等职

（H：惠科；Z：周勇）

H：**周教授您好，您一直在从事红岩精神的研究，提到红岩精神或者南方局，人们都会提到您。您的研究成果让世人瞩目。请问您从事这项研究工作的初衷是什么呢？**

Z：这个问题就要追溯到四十多年前了。记得1983年，我从四川大学毕业，不久就开始了南方局历史的研究工作。我想表达的意思是什么呢？那就是没有南方局就没有红岩精神的培育！这是我们需要首先明确的问题。具体来讲，我研究红岩精神的初衷，既不是组织上规定的任务，也不带有任何功利目的。那么究竟是受什么驱使呢？

一是和我的工作有关。我在校期间被四川省委组织部选为优秀大学生，毕业后我被分配到市委党校从事教学、研究工作。我们知道党史工作有三大功能。第一是存史。所谓存史，也就是我们要铭记历史，尊重历史，书写真实的历史。这是一个关系全局，功在千秋的事情。在我们开始研究南方局的历史时，老一辈的学者就特别嘱咐我们，一定要把南方局历史立准、立好。这就要花大力气把南方局的历史研究准确，要去伪存真，揭示历史的真相。第二是资政。也就是强调我们的研究是为我党执政服务的，为国家的建设、发展服务的。中国有着"经世致用"的传统，强调的就是历史研究的现实意义和作用。举个例子来说，我们对红岩精神的研究是在宋平同志亲自指导下开展的。他曾亲口告诉我，抗日战争时期，南方局的人实际上不多，一个新闻组也就几人而已，但是他们却可以把控整个大后方的新闻舆论的导向。为什么当时在极其艰苦的条件下，我们可以达到这样的效果？因此他要求我们好好研究南方局的历史，把其中的经验总结出来，为今天的执政服务。第三是育人。"人事有代谢，往来成古今。"所谓的育人，就是要让我们今天的年轻一代通过党史学习教育，明白我们国家的道路选择、制度选择、理论选择等重大问题，从而凝聚共识，增强自信，明白责任。习近平总书记说，历史是最好的老师，它忠实记录下每一个国家走过的足迹，也给每一个国家未来的发展提供启示。不论是一个人，还是一个国家，只有清楚了从哪里来，才能明白究竟要往哪里去。二是与我个人的经历有关，和先辈们对我个人的教导有关。我的父亲就是受南方局的影响，16岁便投身到抗日救亡的历史洪流中，后来一直在南方局领导下从事抗日救亡运动。父亲的这段经历，直接影响了我从事南方局、红岩精神的研究。另外，南方局老同志童小鹏对我的影响、教育也是很大的。他曾说的两句话，我至今印象深刻。他说，我们生是红岩村的人，死是红岩村的鬼。在我看来，这就是红岩精神，这就是精神的伟力。还有邓颖超等老同志他们身体力行研究南方局，对我们的研究产生了重要的影响。后来，我曾在党史研究室工作。这些都是促使我关注南方局，研究红岩精神的动力。

H：您在近四十年研究南方局、红岩精神的过程中，有哪些事情是令您印象深刻的呢？

Z：那就太多太多了。从整体上讲，我以为，这是中国共产党人在最困难的时候带出的最优秀的队伍。这段历史具有巨大的魅力。具体来说，我个人在研究南方局、红岩精神的过程中，有一件事印象特别深刻。具体是什么事情呢？那就是我对周恩来曾多次告诫南方局同志和从事秘密工作的党员，要学习荷花的精神，做到"同流而不合污"这件事，追寻了三十多年的故事。

当时在研究过程中，我希望找到周恩来论"出淤泥而不染"的原始文献，但是翻阅了各种资料文献，始终没有找到。后来我见到了曾经担任周恩来秘书的宋平同志，于是就向他请教这件事的真实性。他告诉我，一定有，他就亲耳听总理讲过。他接着说，整风时期，周恩来要求红岩村的年轻党员要读周敦颐的《爱莲说》："予独爱莲之出淤泥而不染，濯清涟而不妖，中通外直，不蔓不枝，香远益清，亭亭静植，可远观而不可亵玩焉。"他听了周恩来讲的这个道理以后，曾写过一篇学习体会，发表在《新华日报》上。按照这个线索，我把《新华日报》拿来，一篇一篇地翻阅，最后我找到了！这篇文章叫《同流而不合污》，发表时间是1943年5月22日。问题终于有了答案。因此，这件事令我印象尤其深刻。

这件事反映了我对这历史研究的态度，那就是不断探寻历史的真相，还原历史的本真。通俗说就是"打破砂锅——问到底"，不达目的，誓不罢休的劲儿，绝不接受似是而非的结论。我以为，我们只有通过不懈地追寻，才能真正解决问题，才能发现历史的真相，也才能收获耕耘后的喜悦。而且，揭示历史的真相是中国史学秉笔直书的传统品格，也是历史研究者的责任。我也一直把它作为个人从事学术研究的准则。

H：您对红岩精神的科学内涵和本质特征进行过提炼，并得到政界和学界的认可。那么在您看来，在共产党人的精神谱系里面，相对其他精神，红岩精神的独特性又在哪里呢？

Z：我认为最核心的问题是红岩精神产生、形成的时空背景的特殊性。红岩精神是诞生在最复杂环境中的共产党人的伟大精神。这可以从三点来揭示、说明。

第一，红岩精神是产生于国统区的唯一的共产党人的革命精神。因此，相对来讲，红岩精神的产生环境更危险，离生死更近；共产党人面临的任务更艰巨，面对的诱惑性更大。我的父亲告诉我，在当时如果没有定力，没有崇高的信仰，很容易迷失方向，很容易醉倒在纸醉金迷的奢侈场所中，丧失革命气节。

第二，红岩精神是形成于抗日战争和解放战争初期的国民党政府统治中心重庆的唯一共产党人的革命精神。这也决定着，我们党面临着既要与国民党合作抗日，又要时刻保持警惕，反对国民党的反共行径的抉择。这是相当具有考验性的。

第三，作为一种研究，我们不能仅仅停留在共产党人普遍性特征的阐释上。我们必须要结合我刚才谈到的一些内容，十分注意揭示红岩精神的独特性、识别性、标识性。

这三点，实际就是你提问的关于红岩精神的独特性，我个人的一些认识和思考。

H：从新时代大学生的成长、成才的角度来看，您认为红岩精神的育人价值主要体现在哪些方面呢？

Z：这个问题问得很好！首先，红岩精神的科学内涵是具有相当共识的，包括本质和特色。本质就是：崇高思想境界、坚定理想信念、巨大人格力量、浩然革命正气。特色包括：高举旗帜、民族复兴的时代使命；刚柔相济、锲而不舍的政治智慧；"出淤泥不染、同流不合污"的政治品格；以诚相待、团结多数的宽广胸怀；善处逆境、宁难不苟的英雄气概。好比马克思主义的三个组成部分，马克思主义哲学、马克思主义政治经济学和科学社会主义，这是不变的。我们需要做的是推进马克思主义的中国化、时代化，让马克思主义展现出更强大的真理力量，而不是去改造马克思主义本身。

所以，我认为，今天我们研究红岩精神更应该花大功夫的是阐释好红岩精神的时代价值，也包括你谈到的红岩精神的育人价值。那么具体又体现在哪些方面呢？我认为，最重要的有四点。

第一是"时代使命"。每个时代有每个时代的使命。红岩精神产生的时代，我们党面临的使命有两个，一是争取抗战的胜利，二是建立新中国。这就是我们党当时的使命，周恩来、南方局的老共产党人永远没有忘记这一点，所以才迎来最后的胜利。今天，我们面临着新的时代使命，红岩精神是不是就不再具有作用了呢？肯定不是的。红岩精神作为一种伟大的精神，依旧熠熠生辉，穿越时空，历久弥新。今天，我们的时代使命就是以中国式现代化全面推进中华民族伟大复兴。进入新时代，我们更需要大力弘扬红岩精神，为广大青年学子投身这一伟大的梦想，为推进中国式现代化筑牢信仰之基。

第二是"政治品格"。抗战时期，不论是南方局的领导，还是一般的党员都追求红岩精神中"出淤泥而不染"的政治品格。所以，坚守了共产党人的本色，经受住了各种严峻的考验。新时代的青年大学生，面对光荣而艰巨的时代重任，更是需要涵养好红岩精神中蕴含的高尚政治品格，保持在政治立场、政治方向、政治原则、政治道路上与党中央的高度一致，才能赢得未来，实现梦想。

第三是"为学之道"。学生就应该以学业为主。抗战时期，周恩来在南方局提出了"三勤"政策，也就是勤学、勤业、勤交友。他要求共产党人要勤于学习、精通业务、广交朋友。首先就是勤学，要求共产党人都成为学习的模范。对于学习不够深入的同志，还会受到组织的批评，以及帮助。我的父亲就是在党组织的正确领导下，在学习上取得了很大的进步，成长为当时最优秀的一批青年人。所以，我希望我们当代青年大学生不要"佛系"，不要"躺平"，要学习"红岩村人"的精神，要有一股努力学习的劲头。

第四是"奉献精神"。这一点对我们的大学生来讲，尤其重要。我们知道中国共产党没有自己的特殊利益，任何时候都把人民的利益放在第一位。坚持胸怀天下、胸怀人民，是中国共产党取得历史性成就的宝贵经验。在今天，我们发现高校中出现一些精致的利己主义者。他们心中只在乎个人的利益得失，毫无浓浓的家国情怀。这是十分危险的。孟子说："人有恒言，皆曰天下国家。天下之本在国，国之本在家，家之本在身。"我们青年人对国家要有认同感、责任感和使命感。今天，我们要讲好红岩故事，弘扬好红岩精神，可以帮助大学生树立正确的三观。

在我看来，这四个方面对我们新时代大学生的成长、成才都是极具现实意义的，都是红岩精神的育人价值的具体体现。

H：由于经济全球化、文化多样化、价值多元化的影响，以及成长环境的变化，部分大学生对本民族的文化产生了一定程度的认同危机。在您看来，您觉得红岩精神在增强大学生的文化自信方面有些什么作用呢？

Z：我首先想说的是，红岩精神是战胜一切艰难险阻的精神利器。怎么去理解呢？我觉得可以从三个维度展开。

第一个维度是，从红岩精神产生环境中增强自信。红岩精神产生的环境和你们提到的今天世界的经济全球化、文化多样化、价值多元化特征实际是很相似的。抗战时期的重庆，各种文化、各种思想、各种价值杂糅并存，社会环境异常复杂。所以在如此复杂的历史环境中诞生出的伟大精神，难道我们对她不应该有所自信吗？

第二个维度是，从精神价值的解放中增强自信。红岩精神本身具有跨越时空的力量。她本身是从"经济全球化""文化多样化""价值多元化"的背景中产生的，所以，在今天我们面对这些相似的问题时，红岩精神仍能发挥她的作用，仍具有重大的实践价值，当然能增强我们大学生的文化自信。

第三个维度是，从青年人成长的环境中增强自信。我们传承、弘扬了伟大的共产党人精神，创造了辉煌的成就，铸就了我们今天的伟大时代。今天的大学生生活在中华民族历史上最好的时代、最强盛的一个时期。所以，我们的青年天然地具有世界眼光，你们一开始就平视西方，完全不用觉得西方的月亮更大更圆，我们应该有着深厚的自信，我们有充足的底气。

H：最后就进一步挖掘红岩精神的育人价值方面，您觉得还有哪些方面是我们可以多做努力的呢？

Z：我觉得需要努力的地方还有很多。目前来看，有四个方面是最需要我们一起努力的。

第一，深入研究红岩精神。我们要坚持正确的党史观，坚持实事求是，不断提升研究的水平，用令人信服的历史研究消除历史虚无主义的影响。让大家了解真实的南方局，了解真实的红岩。鲁迅先生曾经说："只有真的声音，才能感动中国的人和世界的人。"那么我觉得，只有真实的历史才最具有精神的力量。

第二，努力让"思政课"成为科学。目前大中小学的"思政课"成为热门课程，这是很好的事情。但是我们要"冷思考"。什么意思呢？那就是说，我们的思政课教学要注意科学性，要把握科学规律，注意科学方法，注意科学思维。这样，我们才能讲得理直气壮，讲得有底气、充满自信。这样学生才能感受到什么是真理的力量。"十年树木，百年树人"，这一点尤其要注意。

第三，着力把真实的历史转换为人们喜闻乐见的文化产品。我们的研究工作、教学工作，要注意转化为源源不断的文化供给。这样才能发挥出更大的社会效益、精神文明效果，更多人才会受益。这也是传承、弘扬红岩精神的重要途径。比如，我带领我的学生们创作的《人间正道：百年百篇留声复兴之路》，就是将严谨学术研究成果转换为普通观众喜闻乐见的文化产品的一个尝试，最后取得了三亿的播放量，还得到了中国新闻奖一等奖。

第四，注意把准青年人的特性。我们的教育工作者要重视弘扬调查研究的优良传统，要去弄清楚青年人的思维习惯等等。这样才能精准地开展教育工作，才能更好实现红岩精神的育人价值。总之，一句话，要贴近青年，服务青年，要说真话、说实话，不说假话、胡话。

创新教学案例1：
"传承红色基因 争做时代新人
——红岩革命故事展演"活动进高校

"红岩革命故事展演"由重庆市委宣传部、重庆市委党史研究室、重庆市教育委员会、重庆市文化和旅游发展委员会、重庆市退役军人事务局、共青团重庆市委员会、教育部高校思想政治工作创新发展中心（重庆大学）、重庆红岩联线管理中心、重庆红岩精神研究会等联合打造，是重庆市利用红色文化资源开展思想政治教育、推动思想政治理论课改革创新、打造新时代青年学生思想政治教育生动课堂的创新探索与成功实践。近年来，该展演陆续走进市内外高校，成为对广大青年学生进行思想政治教育的具有鲜明特色的，有情怀、有温度的思想政治理论课。

该展演采用"菜单式"节目编排，根据不同演出对象适时调整内容。目前艺术家们已精心打磨了《周恩来的四次校园演讲》《一份特殊的礼物——周恩来"我的修养要则"》《重庆谈判时期毛泽东与社会名流》《沁园春·雪》等剧目，讲述了以毛泽东、周恩来为代表的老一辈无产阶级革命家结庐红岩，培育并形成伟大红岩精神的故事。生动演绎了《红色女特工——张露萍》《光荣的儿子，伟大的母亲——王朴》《我们没有玷污党的荣誉——刘国铽烈士》《傲雪红梅——江竹筠烈士》等情景剧，讲述了张露萍、王朴、刘国铽、江竹筠等红岩先烈的感人事迹，展现了他们的忠诚与担当、拼搏与追求、牺牲与奉献，诠释了伟大的红岩精神。

这种讲、诵、展、演等鲜活的舞台表现形式，结合历史图片和视频鲜活地诠释了红岩精神，展现了革命志士高尚的人格和新时代真理的力量，既有情怀又有温度，能够引导师生从红岩文化中汲取养分，牢记初心使命，厚植爱国情怀。艺术家们通过讲、诵、展、演等鲜活的舞台表现形式，结合历史图片和视频等，鲜活地诠释了红岩精神，用革命志士高尚的人格和新时代真理的力量，为师生们上了一堂耳目一新的思政课。

据"重庆新闻联播"2023年6月2日消息，红岩革命故事展演已累计演出336场！

2020年9月21日，红岩革命故事展演首场作为"开学第一课"在重庆大学虎溪校区举行。"红岩革命故事展演"的指导、研发、创作、演出团队包括全体演职人员都是来自红岩联线本单位的干部职工，包括讲解员、电工、文物管理员等。他们怀着对红岩文化的热爱，对红岩精神的敬仰，用心编创，用情演绎，立足"把握思想性""突出教育性""体现针对性""注重艺术性"四大原则，从策划、编创、排练，到第一场正式演出只用了50多天。

此后陆续在重庆、武汉等地高校、中小学和机关事业单位上演，感动了众多青少年和党员干部群众。

2021年4月12日，"传承红色基因 争做时代新人——红岩革命故事展演"第100场在重庆市南开中学举行。

2021年6月2日，"传承红色基因 争做时代新人——红岩革命故事展演"第200场，在江竹筠等红岩英烈曾求学的四川大学举行。

自2020年9月21日红岩革命故事首演以来，至今展演场数已达到336场，现场观众超37万人次，网络点击量超527万人次。展演先后走进武汉大学、四川大学、重庆大学、西南大学、南开中学、巴蜀中学等全国数十所高校和中小学校，为学生们带去一场有情怀、有温度的红岩特色思政课堂。

"北国风光，千里冰封，万里雪飘。望长城内外，惟余莽莽；大河上下，顿失滔滔……"《沁园春·雪》这台节目演出时，12名学生走上舞台，和演员一起朗诵1945年在重庆首次公开发表的《沁园春·雪》。"今夜，我要与你永别了。满街狼犬，遍地荆棘，给你什么遗嘱呢？我的孩子！今后——愿你用变秋天为春天的精神，把祖国的荒沙，耕种成为美丽的园林！"展演过程中，演员深情朗诵了多篇英烈们创作的诗文，不少学生一起跟着朗诵。最后，全场起立，打着拍子，合唱《唱支山歌给党听》，把全场气氛推向了高潮。

四川大学艺术学院学生曾会敏、谌思宇观看了展演。曾会敏介绍，她俩都是入党积极分子，去年冬天在校观看了原创话剧《待放》（四川大学师生以江姐为原型创作的红色诗意话剧）后，被江竹筠烈士坚定的理想信念所感动，"这次观赏红岩革命故事展演，我看到了更多有血有肉的英烈形象，进一步坚定了我听党话、跟党走的决心"。

这部由重庆红岩联线管理中心工作人员自编、自导、自演的展演剧，让观看演出的四川大学师生深受感动和教育。

（资料来源：2021年6月3日《重庆日报》）

（图文来源：2021年12月7日四川外国语大学"校园网"）

2021年12月7日，"传承红色基因　争做时代新人——红岩革命故事展演"在四川外国语大学大礼堂上演。革命先辈和先烈们的伟大人格、崇高精神浸润师生们的思想和灵魂，可亲可感，可信可敬。台上与台下交融互动、演员师生深深共鸣的感人情景不断出现，现场不断响起热烈的掌声。最后，全体人员起立合唱《歌唱祖国》，展演在激情澎湃的歌声中落下帷幕。这是四川外国语大学充分利用得天独厚的红色文化资源，引导师生从红岩文化中汲取养分，牢记初心使命，厚植爱国情怀的重要举措，也是让师生不忘历史，传承红岩精神的创新之举。四川外国语大学还将这堂有温度的特色思政课广泛用于新生入学教育、"开学第一课"，形成了对师生思想政治教育的长效机制。

2022年11月16日，"传承红色基因　争做时代新人——红岩革命故事展演"在武汉大学人文馆举行。（图片来源：由主办方重庆红岩革命博物馆供图）

演出当天，来自重庆红岩革命历史博物馆的20余名一线职工们以讲、诵、展、演等鲜活的表演形式，倾情演绎，为师生们带来了一堂有情怀、有温度的思想政治理论课。

武汉大学水利水电学院2019级本科生、青年讲师团成员蔡思源谈观看演出后的感想：时代造就英雄。在那个动荡危机四伏的年代，老一辈共产党用自己的方式捍卫着对党的绝对忠诚，就像这次红岩革命故事展演中的江姐等革命烈士，为了信仰而舍弃生命。在如今这个和平年代，人们用奋斗回馈着党和国家，还有这个美好的时代。在此次抗击新冠疫情中，出现了很多不计生死、不计报酬的医护人员、警察、志愿者。虽处至暗时刻，他们却依旧表现出至善人心的舍小家、为大家的信仰，未改前辈舍生奋斗的热血背影，所展现出的爱国无畏精神与红岩刚毅忠诚的精神一脉相承。

（资料来源：红岩联线2022年12月17日发布的消息）

"如何将红岩精神转化为育人资源"
系列访谈之二：邹渝

邹渝，四川外国语大学党委书记，重庆教育学会副
会长，哲学博士，二级教授，西南大学兼职博士
生导师

（G：郭东方；Z：邹渝）

G：邹教授您好，提到四川外国语大学，大家都会说："是在烈士墓的川外吧?"您能否介绍一下川外与"红岩革命圣地"的渊源?

Z：这个问题涉及川外办学历史。川外根植于"红岩革命圣地"热土之上，以服务国家经济建设需要为目的，留下了周恩来、邓小平、刘伯承、贺龙等老一辈无产阶级革命家诸多的亲切关怀和指导的足迹。其实，大家经常说到的"烈士墓的川外"，是1970年10月24日从北碚文星湾搬迁而至，在之前还历经了三迁校址、四易其名。

新中国诞生之初，百废待兴，在发展生产、恢复经济等方面为了更好地争取苏联的支援，培养各类建设干部和俄文翻译便成了当务之急。1950年5月，川外前身"中国人民解放军西南军政大学俄文训练团"在山洞一所停办的破旧中学校舍里举行了开学典礼，西南军区司令员贺龙专门派人送来了"加强军事、政治、文化各方面的学习，建设强大的国防军"的题词，表示祝贺。1951年，西南军区军事政治大学改建为中国人民解放军第二高级步兵学校，故又更名为"中国人民解放军第二高级步兵学校俄文大队"。1952年，国家培养真正符合各项建设需要的俄文干部，整顿和提高俄文教学，原俄文大队脱离部队建制，转入位于化龙桥的西南人民革命大学，因此又更名为"西南人民革命大学俄文系"。后经中央高等教育部批准，于1953年5月在北碚区三花石正式成立西南俄文专科学校。1959年5月，为适应国家大规模经济建设、文化建设和日益增长的对外交流的需要，经中央教育部和四川省人民政府批准，学校扩建为四川外语学院；1965年，校址搬迁至北碚文星湾原西南师范学院速中校址。1970年10月24日，四川外语学院从北碚文星湾迁至沙坪坝烈士墓已经被撤销了的西南政法学院原校址，至此，川外在烈士墓才算真正扎根。从办学历史可以看出，川外具有"军大传统"和"双红基因"，特别是现校址毗邻烈士墓、红岩革命陈列馆、白公馆、渣滓洞、蒋家院子等"红岩革命圣地"，经过半个多世纪的红色文化的浸润，红岩精神深深扎根于川外学子心中，成为川外学子鲜亮的底色。

G：您刚才提到"红色是川外学子鲜亮的底色"，能否介绍一下，川外在运用红色资源和红岩精神育人方面的主要做法？

Z：川外在运用红色资源和红岩精神育人上主要是运用好三个课堂。

第一个是思政课理论课堂。思想政治理论课是落实立德树人的关键课程，学校在思想政治理论课的顶层设计上，就是要求思政课要用好用活身边的红色资源，要将红岩精神深度融入思政课的各门课程，用日常听得到的红岩革命烈士、经常看得到的红岩革命烈士雕像去优化教学内容、创新教学模式、丰富话语表达，如"中国近代史纲要"课程的"为新中国而奋斗"章节融入红岩精神感人至深的史料，"毛泽东思想和中国特色社会主义理论体系概论"课程的"新民主主义革命理论"章节融入中共中央南方局的奋斗故事，"思想道德与法治"课程的"追求远大理想 坚定崇高信念"章节中融入红岩精神的"崇高的理论信念"等，真正让思政课讲得有厚度、有深度、有温度。

第二个是红岩精神特色思政课进校园。学校为了充分发挥红岩文化在大学生理想信念教育、革命传统教育、爱国主义教育等方面的作用，每年都会引进红岩精神特色思政课（红岩革命故事展演）作为学校思政课的延伸和补充。《英雄重庆、壮美红岩》《周恩来的四次校园演讲》《一份特殊的礼物——周恩来"我的修养要则"》《重庆谈判时期毛泽东与社会名流》《沁园春·雪》《红色女特工——张露萍》《光荣的儿子，伟大的母亲——王朴》《我们没有玷污党的荣誉——刘国鋕烈士》《傲雪红梅——江竹筠烈士》等一幕幕剧，深入展现了革命先烈们的忠诚与担当、拼搏与追求、牺牲与奉献，诠释了伟大的红岩精神。艺术家们通过讲、诵、展、演等鲜活的舞台表现形式，结合历史图片和视频等，革命先辈和先烈们的伟大人格、崇高精神浸润师生们的思想和灵魂，可亲可感，可信可敬。

第三个是红色之旅实践课堂。川外运用得天独厚的天时地利优势，组织学生在红岩革命纪念馆、白公馆、渣滓洞等地开展"开学第一课"，通过实地研学，为学生深入展现中共中央南方局及共产党人的革命故事，激励他们坚定理想信念。此外，学校还举办红岩精神知识竞赛、红岩故事朗诵活动、红岩精神主题读书活动等，举行以"弘扬红岩精神，传承双红基因"为主题的社会实践活动，在实践教学周走出校园去感悟、体验、宣讲红岩精神，并形成实践报告、学术论文、微课视频等系列成果，让学生在实践研学中感悟红岩精神，在分享展示中传承红色基因。

G：您是高等教育和思想政治教育领域的大专家，依您看，在当代青年中传承弘扬红岩精神面临哪些挑战？

Z：我认为主要存在三个方面的挑战。第一个方面是客观上存在对红岩精神的深度解读不够，对红色资源的深度挖掘度不够的问题。如果只是按传统的方式去讲红岩革命烈士的故事，带领学生去走走红色之旅，难免会造成青年的视觉疲劳，降低红岩精神的感召力。第二个方面是呈现红岩精神的形式和载体有待创新。当代青年喜欢新奇的事物，如果对红岩精神的宣传和弘扬与当代青年的思维方式、行为方式、话语方式等脱节，必然无法吸引青年，更难促使青年将红岩精神内化于心、外化于行。第三个方面，也是最难的方面，即如何将赓续弘扬红岩精神与解决当代青年的思想问题、实际问题相结合，推动红岩精神入脑入心的问题。

G：您认为在当代青年中传承弘扬红岩精神，我们可以从哪些方面着力？

Z：以问题为导向，结合川外在传承弘扬红岩精神的实际，我认为可以从三个方面着力。一是要在深度挖掘红岩资源上下功夫。在新时代新征程上，要传承好红岩精神，加强对红岩精神的理论研究、理论宣传、理论阐释工作，从中进一步挖掘红岩精神和红色资源独特的价值意蕴，坚持不懈用红色精神涵养当代青年的爱国情怀，增强青年的价值认同，激发青年建功立业的自信心。二是要在创新红岩精神载体上下功夫。在信息网络时代，要契合当代青年网络"原住民"的特点，借助新媒体新技术拓宽红岩精神传播的载体和渠道，特别是利用新兴媒体在开发网络红色文化产品上下功夫，利用虚拟现实技术传播红岩精神，使传播更加形象化、鲜活化、生动化，增强其对青年的吸引力和感染力。三是要在打造体验和创作上下功夫。深入挖掘和利用本土红色资源，组织师生走进红岩革命烈士人物，情景诵读《江姐家书》《江姐赋》

《七月礼赞》等，扮演红岩革命烈士，开展演讲、艺术展演活动等，创作微电影、微视频等，充分激发青年的创作灵感、创新思维和创造活力。在体验和创作过程中，促使红岩精神深深烙印在青年的心灵深处，使其自觉将红岩精神与解决思想问题和实际问题相结合。

创新教学案例2：
川外师生用9种语言讲述红岩故事

川外学子用马来语、朝鲜语、泰语、阿拉伯语手抄报传播红岩英雄故事

四川外国语大学地处歌乐山麓，始建于1950年，是在邓小平、刘伯承、贺龙等老一辈无产阶级革命家的亲切关怀和指导下成立的，历经中国人民解放军西南军政大学俄文训练团（1950）、中国人民解放军第二高级步兵学校俄文大队（1951）、西南人民革命大学俄文系（1952）等五个阶段，具有光荣的军大传统。同时，四川外国语大学毗邻红岩革命圣地，紧挨白公馆、渣滓洞，与烈士墓只有一门之隔，因此，学校在革命文化教育上有得天独厚的优势，川外学子的血液中又流淌着"双红基因"。

当建党百年的火炬传递到手中，川外学子的肩上担负着什么样的使命？四川外国语大学学子将语言优势与红岩故事相结合，用不同语言向世界传播红岩精神，开展"讲好红岩故事，传播红色声音"系列活动。在本次系列活动中，举办了"传播红色声音 讲好中国故事"讲故事大赛和"九语写党史 百年悟初心"手抄报大赛，均由教师带领学生用阿拉伯语、朝鲜语、越南语、泰语、希伯来语、印地语、缅甸语、土耳其语、马来语9种语言翻译，讲述或手抄一个个鲜活、立体、生动的红岩故事。

在讲述红岩故事中，同学们用创新多元的表现形式精彩演绎了耳熟能详的红岩故事，将多语种特色融入党史学习教育，多维度展现了红岩英雄人物爱国爱民的家国情怀。其中，泰语专业的参赛选手以情景剧的形式高度还原了女中豪杰李青林的受刑现场，生动诠释了李青林宁死不屈、百折不挠的精神。"为了凸显李青林被审问环节逼真的效果和李青林忠贞爱国的情感，现场添加了狱卒对李青林行刑、在狱中绣国旗的片段表演。"李青林在得知新中国即将成立的好消息不久后就壮烈牺牲，同学们用精湛的演技重现了这让人扼腕叹息的一幕，引发了在场观众的强烈共鸣。为了更好地扮演李青林这一角色，同学们不仅画了逼真的妆容，还反复斟酌了受刑过程中痛苦的表情和身体状态，以及宁死不屈的心理状态。

同学们以9种语言为媒介，运用手抄报的方式将自己的奇思妙想和爱党的赤诚之心结合，在白纸上渲染出一篇篇作品。令人动容的红色故事在他们的画纸上显得格外生动，配合着选手的讲解，革命英雄形象跃然纸上。"新时代的我们生逢其时，却更是责任在肩。"获奖选手越南语专业学生表示，百年建党的火炬已传递到我们手中，奋进的青年们与伟大的中国共产党共进步、共辉煌。作为新时代大学生，应该继承和发扬老一辈人艰苦斗争、不屈不挠的精神，爱国爱党爱社会主义，倍加珍惜今天来之不易的生活，砥砺奋进，为中国复兴伟业贡献自己的力量！

"如何将红岩精神转化为育人资源"
系列访谈之三：张静宇

张静宇，女，汉族，中共党员，四川外国语大学新闻传播学院2020级在读硕士研究生

"淋过雨的人，总想着给别人撑伞"，从大山里的希望小学走出来，她怀着一颗感恩之心，积极参加各类志愿活动，志愿服务时长已累计达3000多小时。特别是在石柱县支教期间，她以"支教、支梦、支心"为宗旨，创新开展第二课堂，在扶贫助困上用心发力，在"精准"上做出成效。每天放学后义务为孩子们补课，每周坚持深入走访困难学生家庭，持续开展送教下乡、送教到家80余次，拿出个人支教补贴为贫困留守儿童送去文具、衣物等学习生活物资达8000余元。支教结束后，她仍尽自己的绵薄之力，继续结对帮扶一名贫困留守儿童，努力为孩子提供更好的帮助。她希望用自己的爱与正能量，支起山区学子的中国梦，支撑他们的成长心路，引领山区学子向上、成才。

其事迹两次登上微博热搜，多次获得人民日报、新华社、共青团中央等主流媒体报道，影响广泛，传递着尊老爱幼、无私奉献的良好社会公德，曾获2019年度中国大学生自强之星、2020年重庆市向上向善好青年、2020年重庆市了不起的追光者——爱心之光。除了积极参加志愿服务外，在学习上，她勤奋努力，认真钻研，成绩名列前茅，荣获2021年研究生国家奖学金，获得第十二届"挑战杯"中国大学生创业计划竞赛重庆赛区金奖、第十一届全国大学生电子商务"创新、创意及创业"挑战赛重庆一等奖、第十七届"挑战杯"全国大学生课外学术科技作品竞赛重庆市赛一等奖。

（G：苟欣文；Z：张静宇）

G：你最早是什么时候开始知道有关红岩的故事的？当时的印象是什么？后来这种印象有没有变化？

Z：还记得小学时，我在语文课本上接触到了红岩烈士故事。在书中，众多被关押在渣滓洞、白公馆的中国共产党人，经受住种种酷刑折磨，不折不挠、宁死不屈。他们的大义凛然同反动特务的阴险毒辣形成鲜明对比。当时我作为孩子，印象最深刻的当属和我差不多年纪，中国年龄最小的革命烈士——小萝卜头。这个不到9岁、头大身子小的孩子，一生没见过外面的世界，不知道真正的糖是什么样，却可以分辨什么是"善"什么是"恶"。让人感动不已的同时，也引发我进一步思考：中国共产党究竟是一个什么样的党？又是什么样的一种力量，支撑着白公馆、渣滓洞里的"囚徒"，在根本不具备斗争条件的环境下坚持斗争，并且取得了最后的胜利？在此后很长一段时间里，这些问题一直萦绕在我脑海中。高考毕业后我来到重庆读大学，深入了解了江竹筠、王朴、陈然等坚贞不屈、永不叛党的故事后，我对红岩精神有了更多的感触，同革命英烈产生了更强烈的思想共鸣。就这样，红岩精神引导我一步一步走近党、关注党、了解党，最终成为一名中共党员。

G：你觉得在你个人的成长过程中红岩精神对你究竟有没有影响？能否举一些事例呢？

Z：因为红岩故事，我知道了重庆，知道了歌乐山、渣滓洞。在红岩精神的熏陶与感染下，高考后我选择来到重庆这座英雄之城。也是很有缘分，我就读的四川外国语大学就背靠歌乐山，挨着渣滓洞、白公馆，在这里随处可见红色文化地标、随处都有红色故事。最让我感动的是对党忠贞、对敌斗争顽强不屈的共产党员江竹筠。江姐被捕后，敌人为了从她口中得到组织的秘密，就对她进行了各种极度残忍的酷刑，比如有老虎凳、辣椒水、吊索、电刑，还用带刺的钢鞭抽打她，用竹签刺她的十根手指。但就算江姐遭受敌人各种极度的严刑拷打，她凭借着自己坚强的信念和意志，始终坚贞不屈、严守组织的秘密。面对着这些可敬可佩的战士，我感到深深的惭愧。从小到大我的性格比较胆小，怕疼，哪怕是打个针我都会害怕很久。我常会想，如果是我面对特务残忍的折磨，我会像革命先烈一样坚贞不屈吗？带着这个问题，在这几年的学习中，我慢慢成长，也变得更加勇敢坚毅。现在的我相信，特务只能折磨共产党员的肉体，却永远折磨不了我们的精神。先烈们视死如归的革命精神，一直激励着我们奋勇向前。

G：我了解到你多次参加学校组织的支教活动。你在支教过程中有没有给孩子们讲过红岩故事？他们听到这些故事时都有些什么样的感觉呢？

Z：2019年9月，我们从学长学姐的手中接过接力棒，前往石柱土家族自治县开展为期一年的支教服务。在支教的过程中，我经常给孩子们讲红岩故事。比如在一次主题班会上，我给孩子们讲了小萝卜头的故事。小萝卜头和孩子们的年龄相仿，但是生活的环境时代截然不同。他在艰苦的环境中还渴望读书学习知识，面对敌人的残害还帮助地下党完成任务，为打倒国民党反动派，建立新中国，立下了不可磨灭的功劳。孩子们听得非常入迷，讲到小萝卜头遇难时，我流泪，孩子们也跟着一起流泪；讲到小萝卜头很勇敢，做了很多革命工作时，孩子们都热烈鼓掌。后来的一次午休，我问孩子们想听什么故事。孩子们异口同声说道：小萝卜头。小孩子对于喜欢的内容，总是听了一遍还想听第二遍、第三遍。相信这个勇敢的小英雄，一定会成为孩子们学习的榜样，激励他们克服困难，将来长大建设国家。

　　G：你平时会和身边的同学、朋友谈有关红岩的话题吗？还是只在特定的场合才会谈到这个话题？

　　Z：我们学校地处红岩精神腹地，挨着渣滓洞、白公馆，校园里有不少红岩文化地标和红岩故事。在这样沉浸式的氛围感染下，除了一些特定的活动和场合外，我们也会经常和同学、朋友谈论有关红岩的话题。比如大型红色舞台剧《重庆·1949》上演后，我和好朋友第一时间就去剧院观看了这部表现"红岩精神"的史诗般的艺术巨作。360度旋转沉浸式舞台、高科技的表现手法，带领我们穿越回那座黎明前的"山城"，领略那段满含悲壮而又令人肃然起敬的历史，除了震撼还是震撼。同时，我们也会把红岩精神融入到我们的学习研究中，去年我们把以红岩精神为代表的红色文化和中国话语体系构建结合起来，撰写调查报告《论红色文化对中国话语体系的建构——基于重庆高校大学生对红岩精神的认同调查研究》，最终荣获第十七届"挑战杯"全国大学生课外学术科技作品竞赛重庆市赛一等奖。

　　G：有人说红岩精神中的思想境界呀，理想信念呀，人格力量呀，这些都是空的，以后找个好工作、能够挣更多钱才更加实惠。你同意这种说法吗？

　　Z：我一直都认为，人生的意义，不在于拥有多少财富，而在于内心的富足和充实。说到这里，不禁想起我们的红岩烈士王朴，他出生在一个富裕的家庭里，为了党组织的革命事业，放弃自己大好前程而选择回乡办学。在组织地下活动经费不足时，又劝母亲变卖家产为革命捐出一笔巨款，虽是富家子弟，但王朴却从未吝啬钱财。在重庆即将解放之际，面对敌人的残酷报复，慷慨赴死，他用生命诠释了自己的信仰，而且还影响了母亲金永华，她继承儿子的心愿，余生都贡献给了祖国。金永华曾说过"三个应该和三个不应该"（"我把儿子交给党是应该的，现在要享受特殊是不应该的；我变卖财产，奉献给革命是应该的，接受党组织归还的财产是不应该的；作为家属和子女继承列士遗志是应该的，把王朴烈士的光环罩在头上作为资本向组织伸手是不应该的"），感人至深。王朴与金永华母子俩的事迹，充分体现了共产党人的铮铮铁骨、浩然正气和高风亮节。在我支教的那段时光里，我也深切感受到了红岩精神绝不是夸夸其谈，而是要真正地把共产党人的理想信念融入到整个人生事业当中去。

在支教期间，我们主动与贫困户结对帮扶，拿出自己的支教补贴，为贫困留守儿童送去学习和生活物资。还记得第一次去家访，一进门，屋里破旧不堪，堆放着各种杂物。来的时候就听说比较贫穷，没想到来了之后发现比想象的还要贫穷。孩子妈妈在生下孩子不久就离开了这个贫困的家，爸爸去外地打工又组建了新的家庭，过年也不一定回来，一家人仅靠70多岁的爷爷奶奶种地种菜勉强维持生活。看着听着，我们满是辛酸！辅导孩子作业、与孩子聊天谈心、与爸爸连线视频、一起挖红薯，我们为孩子送去了文具、生活用品和棉衣棉裤。临走前道别，孩子拉着我们的衣服，"老师谢谢你送给我的水杯，以后我就可以和别的同学一样，去教室里接水喝了"。这个小孩以前没有水杯，有的仅仅是一个又破又脏的矿泉水瓶。看着他脸上灿烂的笑容，我们满是感动和满足，能够帮到一个个孩子弱小的心灵，这大概就是人生的意义吧，是多少钱都买不回来的快乐。

G：你觉得当代大学生如何才能平衡好个人的物质利益需要与精神追求？

Z：古希腊哲学家曾说过，对精神的追求，是追求神圣；对物质的追求，是追求平凡。作为当代大学生，我们不该只追求外在的物质享乐，同时也应该有自己的精神追求！充实自己的内心世界比外在的物质生活来得更让人踏实。我之所以选择支教这个事业，很大一部分原因也是我觉得能够让我充实自己的精神世界，能够发出属于自己的光！即使这个光很微小，但只要能够给孩子们指明一点点的方向，让希望和梦想的光芒在学生的心中长久闪耀，我想这就是支教的意义所在，也是我的一种精神追求，一种远超于物质生活的精神追求！

G：有人说"趋利避害"是人的本能。你同意这种说法吗？你觉得"利他"的人是不是很傻？

Z：人性不一定是善，也不一定是恶，我同意人性一定是趋利避害的，但这不代表我们都是自私自利的人。因为通过学习和教育，我们可能成为拥有利他之心的人。"利他"是为了使别人获得方便与利益，而不图回报的助人为乐行为，出于自觉自愿的"利他"精神有益于社会。这种行为使得我们身边的一部分"聪明人"觉得是在吃亏，认为很"傻"。但一个团队要生存和发展都无法离开"利他"的思想行为，人作为社会整体中的一分子，要有社会价值，才有自我价值。我们熟知的张桂梅校长，她把自己的一生都贡献给了教育事业，让大山里的女孩子拥有了不一样的人生，她用自己的行动践行了一个共产党员的初心与使命！正是有了张桂梅校长这样有"利他"思想的人，才让大山里的孩子拥有了更多选择的机会！我也是从大山走出来的孩子，就读的小学是全市第一所希望小学，有各种助学金，还有免费的营养午餐，在各种关怀和帮助下，我顺利读完中小学、大学。所以大学毕业后，我选择去基层支教，助力学子成才、助力乡村振兴，我想这也是一种爱的传递吧！

G：你是如何理解红岩英烈为了民族国家前途，为了人民大众利益而放弃和牺牲个人利益的？

Z：习近平总书记说过："我将无我，不负人民。"在中华民族伟大复兴的历程中涌现出一批又一批这样的典型人物。"共和国勋章"获得者、核潜艇总设计师黄旭华，他用自己的一生去践行着"我将无我，不负人民"的人生理想。"誓干惊天动地事，甘做隐姓埋名人"，三十年背负着"数典忘祖"的骂名，父母亲离世都未曾回家探望，却为了祖国的潜艇事业埋头苦干，只为了让我们的祖国更加富强，让我们的人民更有安全感！这一批又一批的先进典型，给我们树立了更高的人生标杆！作为当代大学生，传承与发扬"我将无我，不负人民"的精神，我们责无旁贷！

G：我们常常讲当代大学生要有"家国情怀"。你是如何理解"家国情怀"的？这是不是一种空洞的说教？你觉得个人的成长与国家的发展、民族的振兴之间有没有关系？

Z：家是国的基础，国是家的延伸。自古以来，中华民族就有很强烈的家国情怀，这不是空洞的说教，而是烙在每一个中华儿女身上的图腾。生活在中国特色社会主义新时代的我们，有广阔的天地让我们去奋斗，有大好的时光让我们去拼搏。国家富强、民族振兴，社会的进步给我们提供了优渥的成长空间，让我们拥有了更多的机会去学习。作为当代大学生，吾辈当自强，享受国富民强福利的同时，更应该在成长过程中反哺社会。在我的大学时光里，我参与各类志愿活动3000多个小时，参与西部计划支教一年，我用我的行动参与这场时代的大考，青春正当时，希望通过我的努力，为自己生活的时代交上一份完美的答卷！

G：红岩故事是发生在抗日战争和解放战争时期的事了，你觉得红岩精神在今天还有没有用？如果有用，你觉得在哪些方面有用呢？

Z：真正好的东西是不会过时的。正像好酒一样，窖藏的时间越久，味道越是醇厚。红岩精神是中国革命文化的一部分，也是中华民族精神的具体体现。透过红岩精神可以看到：我们中华民族的精神是永垂不朽的，我们中华民族是有信心、有志气、有毅力的民族！红岩精神至今都在影响着我们这一代人。关押在渣滓洞、白公馆的中国共产党人用生命和鲜血捍卫了自己的不懈追求与革命理想。实现中华民族伟大复兴是时代赋予我们的重任。而红岩精神这样的民族精神正是激励着我们奋发向前、不断进取，实现中华民族伟大复兴的源源动力！

G：川外具有用红岩精神育人的得天独厚的条件。你从本科到研究生一直在川外学习，你觉得川外在用红岩精神育人方面，哪些做得比较好？还有哪些差距？用红岩精神育人你有没有一些意见和建议？

Z：川外地处红岩热土，具有用红岩精神育人得天独厚的条件。学校也在红岩精神育人方面，做出了一些成效。比如为弘扬红岩精神、传播校园正能量而设立的"红岩十佳青年"，作为我校学生表彰的最高荣誉，每年均受到全校师生的广泛关注；为致敬英雄先烈，切实增强团学骨干的责任感和使命感，每学期的青马工程红岩团校培训都会开展系列"讲述红色故事，缅怀革命先烈"活动；为增强党史学习教育的趣味性、广泛性，创作Rap《不忘初心》等文化作品，通过丰富多样的表现形式，增进川外学子对红色文化的理解认同。

当然，也存在一定的差距。红岩精神熏陶、覆盖面不广，主要集中在学生党员和学生干部，部分同学不积极，没有归属感。随着媒体的飞速变革和发展，多样化的思潮激流般涌现，红岩精神在传播方面亟待跟上时代的步伐。

首先是发挥校园媒体的作用，建立红岩校园文化。通过新媒体全面传播红岩精神，注重发挥学生主体的责任和意识，变"被动"为"主动"，成为高校校园的骨干力量。比如利用师生群体中的意见领袖，定期在微信公众平台或者官网上推出"红岩说"专栏，可以朗读喜欢的红岩故事，也可以分享师生身边的红岩精神，以互联网等形式将周边的红色资源予以发掘和传播，改革利用红色资源的方式，强化教育作用发挥。

其次是开展丰富的实践活动，将红岩精神融入理论课。积极创新"课程思政"，比如在课堂组织"我心中的红岩精神"的主题演讲、辩论活动"将红岩精神放到现代是不是过时了？"，通过互动参与引发同学们广泛的思考和理解。学校也可以通过开展同学们喜闻乐见的"红色实践育人"，如革命老区调研（红岩基地），红色"三下乡"（如烈士墓等地区），加强学校附近的红色教育基地的应用；同时可与校外资源建立红色文化教育资源库，也可以对老红军、老党员进行慰问走访等交流活动，还可以组织学生积极参加社会志愿服务。

最后是利用新兴技术手段，增强学生的现实感受。虚拟现实技术增强人的身体能力，让人们产生身临其境的体验。我们也可以通过技术还原一些著名的红岩故事场景，让大学生置身其中，深刻领会红岩精神的内涵。此外，面对得天独厚的地理优势，我们可以设立微电影或微话剧拍摄基地，写好剧本，让大学生选择自己喜欢的角色，并拍摄微电影，从而使他们在体验的过程中感受红岩精神。

创新教学案例3：
蒋家院子叶挺将军秘密囚室现场教学

现场教学背景：

① 习近平：《用好红色资源，传承好红色基因 把红色江山世代代传下去》，《求是》2021年第10期，第4—18页。

"革命博物馆、纪念馆、党史馆、烈士陵园等是党和国家红色基因库"①，红岩革命文物是红岩精神的实物见证，每一件文物都十分珍贵，每一个场景都耐人寻味，为开展大学生爱国主义教育提供了宝贵的场地、材料和平台。位于四川外国语大学校内的蒋家院子秘密囚室就是一处十分重要的红岩精神物质文化遗产。蒋家院子秘密囚室地处歌乐山麓，距白公馆看守所约一里之遥。原为一蒋姓地主的宅院，后被军统局征用，改作为秘密囚室，关押政治犯，由重兵把守，对外称"将官休养所"。新四军军长叶挺将军曾两度被囚于此，他在这里写下了不朽的诗篇《囚歌》。在蒋家院子的漫长日子里，叶挺面对敌人的劝降，始终不为所动，表现出坚定不移的革命立场和不屈不挠的斗争精神。经过中共中央多次交涉，1946年3月4日，叶挺将军从这里被释放出狱。如今，蒋家院子内珍藏和展示了许多重要的革命文物，也成为川外开展爱国主义教育得天独厚的宝贵资源。因此，学校可以与重庆红岩联线文化发展管理中心合作，共同对川外校区内蒋家院子、黄家院子革命旧址等进行系统化保护、规范化管理、科学化利用，加强修缮和环境整治，用心用情用力保护好蒋家院子。

现场教学地点：

作为"红岩联线"景点之一的蒋家院子，位于四川外国语大学校园内。

现场教学目的：

让学生了解革命烈士与国民党反动派进行斗争的光辉历史，了解他们为革命所做的重要贡献。尤其是通过叶挺将军革命事迹的介绍，让学生学习他坚持真理、坚守理想的精神品质，从而涵养学生爱国情，砥砺学生强国志，激励学生报国行。培养川外学生成为蒋家院子、黄家院子的讲解志愿者，生动讲好红岩故事，深入挖掘背后的时代价值，深化拓展红岩革命文物的教育功能，更好地发挥蒋家院子、黄家院子革命旧址在学校党史学习教育、革命传统教育、爱国主义教育中的重要作用，让红岩革命文物焕发出新的时代光彩。

教学对象：

当代大学生

现场教学内容：

一是介绍"皖南事件"发生的原因、过程；二是了解叶挺将军的英雄事迹；三是与学生一起排练教学情景剧；四是开展跨越时空的心灵对话。

现场教学实录

各位同学大家好!

今天我们在蒋家院子的"叶挺将军被囚处"教学点一起学习。在广东惠州叶挺将军纪念园的石壁上镌刻着一句古训:"三军可以夺帅,匹夫不可夺志。"这句古训出自《论语·子罕》,意思是"一国军队的主帅,可以被改变;但一个有志气的人,他的志向是无法被改变的"。

在中国源远流长的历史长河和博大精深的传统文化中,"志",是一个永恒的话题。它是每个人安身立命的根本、建功立业的基础,它决定着人们道德、良知和人性的底线。不同的朝代,不同的历史时期,人们对"志"的理解和追求有所不同。比较来看,中国共产党人的"志",无疑是最为远大、最为崇高的,那就是始终坚持伟大的共产主义信仰,为中国人民谋幸福,为中华民族谋复兴。

"三军可以夺帅,匹夫不可夺志。"这是叶挺将军的座右铭。他坚守自己的人格,不容任何侵犯;他维护自己的尊严,不管威胁和利诱。这种矢志不渝追寻理想的优秀品质始终贯穿于他波澜壮阔的戎马生涯,始终贯穿于他颠沛流离的漂泊岁月,也始终贯穿于他备受磨难的囚禁生活。

叶挺的一生,从加入国民党到加入共产党,从信仰三民主义到信仰共产主义,他的思想随着历史的变革不断地更新、进步。北伐伊始,他一心想要建立新社会;抗日战争期间,他矢志驱除侵略者;流亡时期,他参加海外救国组织;囚禁时期,他始终保持旺盛的革命斗志。纵然身份在变,处境在变,国家和世界在变,但叶挺心中的志向却从未改变,那就是救国救民,就是国家富强、人民幸福和民族振兴。

现在大家身处的这个蒋家院子，就是叶挺将军当年被蒋介石秘密关押的囚禁地之一。下面就让我们一起走近那个身陷囹圄依然铁骨铮铮，身可死志却不可夺的叶挺将军。

1941年1月，震惊中外的皖南事变爆发，《新华日报》以"开天窗"的方式，发表了周恩来的题词，"为江南死国难者致哀""千古奇冤，江南一叶，同室操戈，相煎何急?!"以此揭露皖南事变的真相。事变中，新四军军长叶挺被国民党当局无理扣押，在长达五年的时间里，叶挺被辗转关押于上饶、恩施、桂林等地，而且还先后两次被关押在重庆。

第一次是1942年间。正是这次来渝，为一直苦苦寻找叶挺下落的家人和中国共产党方面及社会各界揭开了谜团。要知道，自皖南事变以来，国民党将叶挺秘密关押，断绝与外界联系已经整整一年了。那么叶挺是怎样让外界特别是中国共产党得知他身处重庆的消息的呢？这得从叶挺被转押的故事说起。

那是1942年1月3日，叶挺被国民党军统从桂林转押至重庆，秘密关押在望龙门看守所。从踏入重庆的那一刻起，他就开始琢磨如何与共产党取得联系。因为他知道，周恩来在重庆，阳翰笙也在重庆。阳翰笙是叶挺在南昌起义时的战友，他1925年加入中国共产党，1928年随周恩来在上海从事文化和统战工作。因此叶挺便想着通过阳翰笙联系上周恩来，从而联系上共产党。不过，究竟怎样才能找到阳翰笙呢？一个多月后，机会出现了。得知军统会再次将他秘密转押，叶挺赶紧给阳翰笙写了一封信，准备利用转移的机会传递出去。

转移的这天，叶挺坐在押解他的小汽车上，不露声色，双眼却一直透过窗帘默默地注视着窗外，他的衣服夹层里藏着那封书信，他，在寻找送信的最佳时机。小汽车驶入了一条蜿蜒的小巷，突然，路边的一座茅厕进入了他的视野，叶挺灵机一动，计上心来，以上茅厕为借口，顺利摆脱了特务盯梢，在茅厕内迅速拿出书信，又飞快地写下一张纸条："请拾信的朋友，按信上的地址发出，将感激不尽，这五块钱作为酬谢。"随后便将书信、纸条和五块钱用砖头压着，转身出门，上车离开。

几天后，这封信竟然真的被人送到了阳翰笙手上。阳翰笙立即将信转交给了周恩来。至此，叶挺遭国民党秘密囚禁的事实终于大白于天下，周恩来又喜又气地说："好！我们正在设法找他呢！反动派玩弄阴谋诡计，说他生活得很好、很自由，全是鬼话！有了这封信，我就可以去找蒋介石！"

然而，面对周恩来的严正交涉和探望叶挺的要求，国民党继续玩弄阴谋，无理拒绝。数月之后，经过中共方面精心谋划和社会各界多方斡旋，终于争取到了让叶挺夫人李秀文探视的机会，而李秀文则不失时机地带去了中共方面对叶挺的关怀和各界进步人士对叶挺的慰问和敬意，以及中共方面一直在设法营救叶挺的情况。激动之余，叶挺更加坚定了共产主义的信念和誓死不屈的决心。在蒋家院子，他慨然写下了不朽诗篇《囚歌》——"在烈火与热血中得到永生"，这是叶挺人格、尊严、价值的真实写照，是"用生命和血写成的真正的诗"。

出于对叶挺出色军事才能的看重，蒋介石费尽心机，甚至不择手段地对叶挺实施劝降。然而最终，他的如意算盘全部落空，一切努力都成徒劳。那么这中间到底发生了什么呢？我们接着往下讲。

蒋介石首先派出陈诚对叶挺实施诱降。陈诚是蒋介石身边的红人，同时，他也是叶挺保定军校的校友、北伐的战友以及生活中的好朋友。所以，无论是蒋介石还是陈诚，都是志在必得，准备一举拿下叶挺。然而，即便陈诚的三寸不烂之舌再厉害，甚至许以第六战区副司令长官的承诺，叶挺也始终不为所动，只是严肃地反复提出恢复新四军建制、重新担任新四军军长这一个要求。

　　蒋介石见陈诚诱降失败，便亲自上阵劝降，可得到的却是叶挺对于国民党悍然发动皖南事变的严辞质问、无情揭露和愤然抗议。面对意志坚定、誓不屈服的叶挺，蒋介石恼羞成怒，下令取消了对叶挺所谓的"优待"，并于1942年6月将其秘密关押至蒋家院子。

　　在蒋家院子，蒋介石仍然不死心，继续玩弄手段，实施他的劝降计划。他安排重兵把守，让叶挺"与世隔绝"，妄图威逼其就范，但以失败告终；他又指派戴笠登门游说，企图继续利诱，但戴笠也吃了"闭门羹"；他继续释放"善意"，同意叶挺夫人李秀文探监，想打亲情牌软化叶挺，可李秀文却成为叶挺和中共方面联系的桥梁……最有意思的是，国民党安排在蒋家院子的8个便衣特务和16个武装警卫，还被叶挺戏称为"二十四大金刚，二十四个饭桶"，在这些"饭桶"的监视之下，叶挺不但不紧张拘束，还尽情地"享受"，每天除了锻炼身体，就是看书写字，生活好不惬意，甚至还对"饭桶"们进行反"监视"。他们拖欠房租，叶挺会逼着他们补交；他们强摘房东家的葡萄，叶挺会逼着他们送还；他们摔坏房东的碗碟，叶挺会逼着他们赔偿……在空闲的时间，叶挺还不忘给他们宣讲新四军的纪律。

就这样，凭着智慧和坚韧，叶挺与蒋介石、国民党不停地周旋和斗争，直至1942年12月离开重庆，被秘密押送至湖北恩施。

讲到这里，我想请大家思考一个问题：叶挺无论威逼利诱誓死不降的忠诚，对我们又有什么样的触动？

面对威逼利诱，叶挺誓不投降，富贵不能淫、贫贱不能移、威武不能屈的凛然正气和高贵品质在他的身上展现得淋漓尽致，对共产主义的信仰始终坚如磐石。不难想象，如果叶挺接受蒋介石的条件，投降国民党，他将坐拥高官厚禄，享尽荣华富贵。然而作为一名久经考验的革命军人，他的人格名誉不容半点侮辱，他的理想信念不容丝毫动摇。

叶挺第二次被关押到重庆，是在抗战胜利后的1945年9月至1946年3月期间，而秘密囚禁处仍然是在蒋家院子。

中国共产党从来没有放弃对叶挺的营救。1945年重庆谈判期间，周恩来向蒋介石明确提出，将释放叶挺等人作为谈判的必要条件之一。在中共的不懈努力下，1946年3月4日，叶挺终于重获自由。

出狱后，他感慨万千，奋笔疾书，写下了一封给中共中央的电文："毛泽东同志转中国共产党中央委员会，我已于昨晚出狱。我决心实现我多年的愿望，加入伟大的中国共产党，在你们的领导之下，为中国人民的解放贡献我的一切。我请求中央审查我的历史是否合格，并请答复。"

事实上，叶挺早年加入过国民党，1924年转而加入中国共产党，1928年广州起义失败后，因受到李立三、王明等人的无端指责和国民党的大肆搜捕，无奈之下流亡海外，被迫脱离了中国共产党。政治上的磨难没有动摇叶挺救国救民的远大志向，他看透了国民党背叛革命、背离人民的反动本质，他清醒地认识到只有中国共产党才能救中国，只有中国共产党才能让人民当家作主。

1946年3月7日，中共中央回复了经毛泽东亲自润色修改的电文："亲爱的叶挺同志：五日电达。欣闻出狱，万众欢腾，你为中国民族解放与人民解放事业进行了二十余年的奋斗，经历了种种严峻的考验，全中国都已熟知你对民族与人民的无限忠诚。兹决定接受你加入中国共产党为党员，并向你致热烈的慰问和欢迎之忱。"

前面我们讲过，在叶挺的政治生涯中，他经历过起伏和磨难，然而在十年流亡生涯中，叶挺始终心系民族存亡和国家安危。后来他出任新四军军长，一直拥护中国共产党的领导，坚决抗日。皖南事变后，在被国民党监禁的五年时间里，他始终坚守气节，刚直不阿。可以说，从他流亡海外长期与党组织失联而被迫脱离中国共产党的时候起，到再次申请加入中国共产党，他一直在以一名共产党员的无限忠诚和高度自觉以及与敌人的坚决斗争，在接受党中央最严格的考验，并且最终得到了党中央的高度认可。所以，叶挺的入党申请发出仅仅两天之后便获得中共中央批准，他如愿以偿，重新回到了党的怀抱。然而，就在党组织和亲友们都在为叶挺感到由衷的高兴，且叶挺本人也斗志昂扬地准备为党和人民的事业接续奋斗之时，不幸的事情却在一个多月后发生了。

1946年4月8日，叶挺携夫人李秀文、儿子叶阿九、女儿叶扬眉与王若飞、秦邦宪、邓发等人同去延安，但飞机却因突发故障，在山西黑茶山一带失事，机上人员全部遇难，史称"四八烈士"。这一年，叶挺刚好50岁。一代名将，就此陨落。毛泽东悲痛万分，在《解放日报》上发表悼词"为人民而死，虽死犹荣"。

纵观叶挺将军的一生，在其领导的"铁军"名震天下意气风发之时保持志向顺理成章，但在冤屈、流亡、失败、囚禁的逆境中仍能坚守信仰、昂首挺立，便难能可贵。特别是在被囚禁期间，他虽身陷窘境，但不屑威逼利诱，始终心系抗战大局；获自由后又立即投身革命，致力民族独立和人民解放，尽展英雄报国热忱。正如周恩来所说，"十年流亡，五年牢监，虽苍白了你的头发，但更坚强了你的意志"。他的身上，生动体现了中国共产党人完全彻底的革命精神、历经磨难与考验仍然毫不动摇的共产主义信念和宁为玉碎不为瓦全的革命斗志。

"匹夫不可夺志"，这是叶挺将军的座右铭，也应该是今天所有大学生的价值追求。今天，我们仍然要向叶挺学习，热爱祖国，坚守初心，扎牢共产主义信仰根基，立志为中国人民谋幸福，为中华民族谋复兴。

真理的波涛，喷涌而出就奔流不息；理想的火焰，一经点燃就不会熄灭。一个政党有了远大理想和崇高追求，就会坚强有力、无坚不摧、无往不胜，就能经受一次次挫折而又一次次奋起。翻开党史，党的先驱们书写了一个个坚持真理、坚守理想的感人故事。为了心中的主义和信仰，他们矢志不渝、前赴后继，生死考验不能改其志，功名利禄不能动其心，千难万险不能阻其行。

叶挺将军在战争年代表现出的精神品质，在今天依然具有重要的现实意义。就像刚刚同学们分享的，身处和平年代的我们，更要学习叶挺将军身上表现出的优秀的革命精神。

爱国主义精神是每一位中华儿女都应该具有的优良品质，我们要继承和弘扬以爱国主义为核心的民族精神。习近平总书记强调："希望广大留学人员继承和发扬留学报国的光荣传统，做爱国主义的坚守者和传播者，秉持'先天下之忧而忧，后天下之乐而乐'的人生理想，始终把国家富强、民族振兴、人民幸福作为努力志向，自觉使个人成功的果实结在爱国主义这棵常青树上。"我们学习外语的同学们要铭记我们外语人的使命和担当，不坠青云志，不负少年时，拳拳赤子心，铿锵报国行。

创新教学案例4：
叶挺将军 在烈火和热血中得到永生
（教学情景剧）

讲述人A介绍背景：1945年9月至1946年3月，曾辗转被关押于上饶、恩施、桂林的叶挺，第二次被关押在歌乐山腰东半坡红炉厂的蒋家院子秘密囚室，常年8个便衣特务和24个武装警卫看守。叶挺在被扣押后为表示抗议蓄须明志。这一天，曾多次前往蒋家院子劝降未果的国民党军统局总务处长沈醉仍然不死心，又一次走进了囚室，再次试图劝降叶挺。

沈醉提酒菜上，见到叶挺，放下酒菜："希夷兄，国共和谈，为何仍不剃须？"

叶挺轻笑："沈处长坐，您还是叫我叶挺。身陷囹圄，不获自由，绝不修面。"

沈醉坐下："那就叫您希夷先生，先生当年不是穿中将军装的吗，怎么现在却换上了这鹑衣百结的新四军粗布军服？"

叶挺："这是在提醒我自己，也是提醒你们，我是新四军军长，是被无端扣押的。"

沈醉自顾自斟酒："我这一次次来跟先生说好话，希望您早日回头。军统里可有的是人不想要先生活着……"

叶挺伸手打断："我被扣押已经四五年了，您觉得我怕死吗？"

沈醉："失礼了，什么死不死的，说的不吉利。"说罢给叶挺斟酒："这次也是给先生一个好消息，当年您拒不出任第六战区副司令官，如今有更大的职务等着您。"

叶挺站了起来，背对沈醉，面向舞台："当年我带着部队在南昌参加起义被围追堵截，后来新四军军部在皖南茂林被你们伏击，我也被关押至今，但到今天，我仍然是这个答案：要我背叛共产党，绝不可能。"

沈醉喝酒："希夷先生，您不会不知道新四军已经没有了吧？"

叶挺头也不回："你们还有脸说新四军没有了，在民族危亡之际，你们国民党干的是什么卑鄙勾当，完全就是汉奸行径！新四军不在了，但共产党在，只有共产党才能救中国！"

沈醉拍桌子："先生，不要忘记了您现在已经不是共产党员了！"

叶挺抬头，下巴对着沈醉："但我曾是党组织的一员，对组织的任何处理，我叶某都接受。但在思想上，我依然是共产党员，我的初心还是那个初心！"

沈醉："说起初心，当年陈炯明背叛革命，是您保护先总理和孙夫人脱险，这不是先生的初心吗？可您为什么后来非要背叛党国，去南昌领导暴动？"

叶挺："说起这个，当年中山先生创立兴中会、同盟会，提出三民主义立志救国救民。可如今，唯有共产党人还在继续先生的遗志。所以，我当年加入了共产党。保护中山先生脱险和我后来首义南昌是一个道理。"

沈醉咬牙："先生，您这到底是为了什么？放着好好的日子不过，非要逞那戏文儿里的英雄？"

叶挺快步回桌前："沈处长，我告诉你，很简单，我有真理要坚持，我有理想要坚守！"

沈醉："先生觉得这马克思主义就一定能让人民幸福民族复兴？恕我直言，这马克思主义本就是外国传来的，不一定合乎中国吧？"

叶挺："怎么就不合乎中国了？马克思主义讲的就是怎样解放人民。去年延安召开的中共七大上已经说了，毛泽东思想就是中国的马克思主义！"

沈醉："先生！您知道上个月陪都已经召开了政协会议，要组建联合政府，中国人民的好日子马上就要来了，您怎么就这么固执！"

叶挺："沈处长，国民党的政协会议难道是真想组建联合政府吗？上个月在较场口，打伤几十个手无寸铁的政协委员和无辜群众的就是你们军统的特务！"

沈醉摸一下额头："先生口口声声救国救民，去年国共在重庆谈判成功，年初又签订了停火协议，日本也投降了，您投身党国就不是革命吗！"

叶挺拍桌子："沈处长，你们口口声声说国民党现在还是革命党，那国民党现在在干些什么？政治上搞警察国家，经济上维护蒋宋孔陈四家的利益，这样一个腐败反动的政府我叶某绝不同流合污!"

沈醉起身拍手:"好,那我也不妨告诉希夷先生,国府戡平内乱攻打共党是早晚的事,恐怕也就是这几个月吧。"

叶挺自斟一杯:"我也不妨告诉沈处长,庆夫不死,鲁难未已,等离开这活棺材那天,叶某还会为民族独立国家振兴冲锋陷阵。"

沈醉:"希夷先生,您觉得您会等到这一天吗?"

叶挺:"何惧?我叶挺一人倒下,还有千千万万人站起来。"

沈醉看诗:"荒唐!罢了罢了!叶长官我也是替上峰最后一次来问您。您还不回头吗?"

叶挺:"不废话了,沈处长,您请回吧。"

沈醉:"那敢问先生,如果您能活着出去,您第一件事会做什么?"

叶挺捡起纸团放桌上:"第一件事,便是请在延安的党中央,恢复我的党籍。"

沈醉叹气:"沈醉佩服先生的信念,看来以后只能与先生兵戎相见。"说罢走到台边长叹:"这才是共产党最可怕的地方。"

叶挺扮演者起身,在朗诵中走到同学们中间,带领同学们一起朗诵叶挺将军在囚室中写的《囚歌》,感受叶挺将军的革命豪情。

《囚歌》(叶挺)

为人进出的门紧锁着,

为狗爬走的洞敞开着,

一个声音高叫着:

爬出来吧，给你自由！
我望着自由，但也深知道
人的躯体哪能由狗的洞子爬出！
我只能期待着，那一天
地下的火冲腾，
把这活棺材和我一起烧掉，
我应该在烈火和热血中得到永生。

结　语

"百代难忘正学功"

红岩依旧在，精神永流传。

纵使时光荏苒，后生们也不会忘怀先辈的英雄事迹。莘莘学子一定会永远牢记革命先辈的初心与使命，在实现中华民族伟大复兴的中国梦的新的伟大征程中建功立业。

在抗日战争时期，以毛泽东、周恩来等为代表的中共中央南方局和八路军办事处在抗战大后方、在国统区的重庆，高举抗战民主旗帜，在争取民族独立和人民解放的艰苦斗争中用热血与生命锤炼、培育、形成了崇高的红岩精神。它同"井冈山精神、长征精神、延安精神一样，都是中国共产党人和中华民族的宝贵精神财富"[1]，是中国精神谱系中一颗耀眼的明珠，为中国特色社会主义伟大事业注入了强大的精神力量。

在皖南事变发生后，中央要求周恩来等中共中央南方局同志撤回延安。但他们经过慎重商量后，决定仍坚守重庆继续开展工作。八路军驻重庆办事处全体工作人员向中共中央保证："无论在任何恶劣的情况下，我们仍以不屈不挠的精神，坚守我们的岗位，为党的任务奋斗到最后一口气。"

1949年春节，重庆即将迎来解放的时候，在渣滓洞监狱中，狱友们唱响革命歌曲、诵读《共产党宣言》，如火般激情

---

[1]《江泽民论有中国特色社会主义（专题摘编）》，中央文献出版社，2002，第401页。

的语言饱含哲理的智慧，让真理之光照亮了每个共产党人的精神世界。

一种精神之所以能够生生不息、历久弥新，源于它能指导实践、引领发展。

几十年前，一部小说《红岩》、一首歌曲《红梅赞》、一部歌剧《江姐》，红遍大江南北，让红岩英烈故事在中国几乎家喻户晓。但我们不能忘了，红岩精神的发源地在"红色三岩"。歌乐山烈士们，正是以大无畏的革命实践，继承和弘扬了红岩精神。

今天，"红岩革命故事展演"、"壮美红岩 心灵之旅"——《歌乐忠魂》实景演艺项目、大型舞台剧"重庆·1949"正在成为发掘红色资源，对公众进行中国革命精神教育的品牌。这些艺术作品，让我们穿越时空，重回在"红色三岩"和渣滓洞、白公馆那段满含悲壮而又令人肃然起敬的历史，再次接受红色文化的精神洗礼。

而我们每所高校，每年迎来送往万千学子，正是利用红色资源进行中国革命精神教育的沃土。天时地利人和俱在，我们唯有竭尽全力，在以文化人的道路上行稳致远。

习近平总书记指出："大学是立德树人、培养人才的地方，是青年人学习知识、增长才干、放飞梦想的地方。"利用好红色资源，推进共产党人精神谱系教育进学校、进课堂、进头脑，增强大学生对共产党的认同感，是培养肩负民族复兴大任接班人的必然要求和责任。

以文化人，源头活水，永不枯竭。

"千秋青史永留红，百代难忘正学功。"

参考文献

［1］习近平：《习近平谈治国理政》（第一卷），外文出版社，2014。

［2］习近平：《习近平谈治国理政》（第二卷），外文出版社，2017。

［3］习近平：《习近平谈治国理政》（第三卷），外文出版社，2020。

［4］习近平：《习近平谈治国理政》（第四卷），外文出版社，2022。

［5］《周恩来选集》（上卷），人民出版社，1980。

［6］《周恩来选集》（下卷），人民出版社，1984。

［7］中共中央文献研究室：《周恩来传（1898—1949）》，人民出版社、中央文献出版社，1989。

［8］南方局党史资料征集小组：《南方局党史资料·大事记》，重庆出版社，1986。

［9］黄宏、何事忠主编：《红岩精神》，人民出版社，2007。

［10］周勇：《红岩精神研究》，中共党史出版社，2009.

［11］《红岩精神读本》，重庆出版社，2004。

［12］何建明、厉华：《忠诚与背叛》，重庆出版社，2011。

［13］中共重庆市委宣传部：《重庆红色故事》（第一辑），重庆出版社，2020。

［14］厉华主编：《红岩档案解密》，中国青年出版社，2008。

［15］中共中央党史研究室科研管理部、中共重庆市委党史研

究室：《见证红岩——回忆南方局》，重庆出版社，
2004。

［16］重庆歌乐山革命纪念馆：《再铸红岩魂》，重庆出版社，
2003。

［17］黄蓉生、潘洵等：《红岩精神的大学生思想政治教育视
域研究》，重庆出版社，2018。

［18］黄蓉生主编：《红岩精神大学生读本》，西南师范大学出
版社，2017。

［19］厉华：《厉华说红岩——解读狱中八条》，重庆出版社，
2014。

后　记

本书系"四川外国语大学新文科建设系列教材"之"新文科建设：以文化人系列丛书"之一，也是苟欣文教授领衔的2020年度重庆市高校思想政治工作精品项目"文化育人"之"红岩精神育人"课题的最终成果。

在编委会指导下，本书从一开始就确定了自己的定位：重在成果转化。即以党和国家领导人对红岩精神的经典论述和学术界、理论界对红岩精神研究形成的共识为基础，着重探讨如何将红岩精神的丰富资源转化为具体的为党育人、为国育才的途径和方法。在目前已出版的诸多有关红岩精神的图书资料和已发表的有关红岩精神的论文、文章中，本书具有独特定位与应用价值。

本项目由四川外国语大学二级教授、当代中国研究院首席研究员，四川外国语大学原党委常委、纪委书记、重庆市文化软实力研究中心主任苟欣文担纲。由他负责确定书稿风格与写作提纲；撰写前论、第四章、后语和后记；并承担了对全书的统稿工作。四川外国语大学马克思主义学院郭东方副教授负责撰写第一章、第二章；四川外国语大学马克思主义学院曾利讲师负责撰写第三章，四川外国语大学马克思主义学院惠科副教授负责撰写第五章，四川外国语大学党委宣传部胡义强负责撰写第六章。

特别感谢周勇、邹渝、张静宇三位同志接受专访。周勇是中国近现代史和重庆城市史方面的权威专家，在红岩精神研究上具有重要影响；邹渝是川外党委书记，具体策划和组织了大量与红岩精神育人的"三进"活动；张静宇是川外新闻传播学院（重庆国际传播学院）在读硕士研究生，在"支教"学生面前她是教育者，在川外她又是被教育者。他们三人从不同角度，围绕如何把红岩精神的丰富资源转化为具体的育人途径畅谈了自己的见解，成为本书的重要组成部分。惠科、郭东方、苟欣文具体组织了对三人的访谈。他们之间的对话，很有高度，也很接地气，带给我们很多启迪。

需要说明的是，本书在写作过程中已尽可能确定参考文献和引文及图片的出处，但因种种原因也存在个别权属不明的情况，恳请广大读者批评指正。

我们深知红岩精神研究，尤其是将研究红色资源转化为育人路径，是一项技术含量很高，颇具操作技巧，且目前正在推进过程中的课题。书中提出的一些设想，可能还带有简单化、概念化、碎片化色彩，尤其是这些设想还需要时间和实践的检验。因此，本书只能算是课题组的一项重要的阶段性成果。教书育人的责任感与使命感使然，我们将永怀虔诚之心，继续探寻包括红岩精神在内的中国革命精神以及其他先进文化的"以文化人"之路。

2023年6月18日重庆直辖26周年纪念日